RÉGLEMENTS LOCAUX

SERVANT DE COMPLÉMENT A LA LOI CIVILE

ET

TOPOGRAPHIE LÉGALE

DU DÉPARTEMENT DE L'ISÈRE,

Recueil publié sous le patronage et avec la subvention du Conseil général du département,

Par A. PAGÈS,

SUBSTITUT DU PROCUREUR-GÉNÉRAL A GRENOBLE,

Membre de la Société de statistique de l'Isère.

De quibus causis scriptis legibus non
utimur : id custodire oportet quod mo-
ribus et consuetudine inductum est.
(L. 3. D. DE LEG.)

GRENOBLE,

CHEZ BARATIER FRÈRES ET FILS, LIBRAIRES-ÉDITEURS,
Grand'rue, 4.

1855.

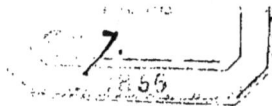

USAGES

ET

RÈGLEMENTS LOCAUX

DE

L'ISÈRE.

USAGES

ET

RÈGLEMENTS LOCAUX

SERVANT DE COMPLÉMENT A LA LOI CIVILE,

ET

TOPOGRAPHIE LÉGALE

DU DÉPARTEMENT DE L'ISÈRE,

Recueil publié sous le patronage et avec la subvention du Conseil général du département,

Par A. PAGÈS,

SUBSTITUT AU TRIBUNAL DE GRENOBLE,
MEMBRE DE LA SOCIÉTÉ DE STATISTIQUE DE L'ISÈRE.

De quibus causis scriptis legibus non
utimur : id custodire oportet quod mo-
ribus et consuetudine inductum est.

(L. 32. D. DE LEG.)

GRENOBLE,

CHEZ BARATIER FRÈRES ET FILS, LIBRAIRES-ÉDITEURS,
Grand'rue, 4.

—

1855

Grenoble, imprimerie de C.-P. Baratier.

EXTRAIT

du

PROCÈS-VERBAL DES DÉLIBÉRATIONS DU CONSEIL GÉNÉRAL DE L'ISÈRE.

(Séance du 26 août 1854.)

Rapport de M. le Préfet.

UNE circulaire de M. le Ministre de l'Intérieur du 26 juillet 1844, a invité les préfets à soumettre aux conseils généraux diverses questions, relatives à l'utilité et au mode de composition des recueils des usages locaux de leurs départements, et dans la session de 1844, le Conseil général de l'Isère reconnut l'utilité d'un travail de cette nature alors annoncé par M. Laurent de Valors, avocat à Bourgoin, et qui n'a pas été terminé par son auteur.

M. Pagès, l'un des substituts de M. le Procureur impérial près le tribunal de Grenoble, vient, après trois années de recherches, de mettre la dernière main à un recueil complet des usages locaux du département de l'Isère. Ce remarquable travail, communiqué aux chefs de la magistrature, a reçu les approbations les plus hautes et les plus compétentes. Vous n'ignorez pas d'ailleurs, quelle est l'importance des usages locaux auxquels le Code civil donne force de loi dans un assez grand nombre de cas, principalement en matière d'usufruit des bois, usages d'eaux courantes, congés de location, réparations locatives, obligations des fermiers, etc. L'énumération de ces cas principaux suffit pour que l'on comprenne de quelle utilité peut être un pareil recueil. Les magistrats aussi bien que les particuliers y puiseront journellement des renseignements indispensables. Plusieurs départements en possèdent déjà de semblables, entre autres les départements du Tarn, de la Haute-Garonne, du Finistère, d'Ille-et-Vilaine, des Côtes-du-Nord, etc.

Je vous propose d'émettre un vote qui donne à l'estimable auteur de ce recueil un encouragement moral et en même temps de voter un crédit de 250 fr. pour aider à sa publication, dont les frais s'élèveront à 600 fr. au moins pour quatorze ou quinze feuilles in-8°.

Je dépose sur votre bureau la table des matières et le manuscrit de l'ouvrage.

Rapport de M. le professeur Taulier, organe de la Commission.

Le Code Napoléon est une des œuvres les plus grandes et les plus utiles qui aient marqué le commencement du siècle. Il a introduit dans la législation civile, l'unité, l'ordre, la clarté, et cette simplicité que souvent nos anciens rois appellent, dans le préambule de leurs ordonnances, une conquête et un bienfait. Il résume en lui la tradition, qu'il est toujours insensé de méconnaître, et le progrès, qu'il est toujours imprudent de dédaigner. Mais sur un grand nombre de points de détail, le Code Napoléon s'en réfère à des usages locaux, qui ne pouvaient être abrogés parce qu'ils reflètent d'une manière trop intime les mœurs, les besoins, les convenances des populations. Ces usages varient dans chaque département, et quelquefois dans les diverses parties d'un même département; ils sont loin d'être uniformes. Combien il importe de recueillir ces usages particuliers, dès l'instant où ils servent de complément indispensable à la loi générale ! En 1844, M. le Ministre de l'intérieur invita les préfets à consulter les Conseils généraux sur l'utilité et le mode de composition du recueil des usages locaux de leurs départements, et, cette même année, le Conseil général de l'Isère s'associa aux vues du Ministre.

Désormais, Messieurs, ces vues sont réalisées pour notre département : M. Adolphe Pagès, substitut du Procureur impérial de Grenoble, s'est mis à l'œuvre, et il vient de rédiger un remarquable travail.

M. Pagès est un esprit judicieux, méthodique, et en même temps élevé et profond. Ses recherches ne forment pas une simple collection aride et ingrate. Il a très-bien compris que la lettre morte est sans puissance, comme sans attrait. Il remonte à l'origine même des institutions auxquelles se rapportent les usages qu'il expose ; guidé par une érudition sans luxe, pleine de sobriété et de sagesse, il demande souvent aux temps anciens la raison d'être des coutumes présentes. On aime à lire son travail ; plus on avance dans cette lecture, plus on sent grandir l'intérêt qui s'y attache. On y voit indirectement la famille, la propriété, le voisinage s'installer, se dessiner, s'organiser sur le sol, et, au travers de cette variété infinie de formes, on retrouvera en quelque sorte le tableau de la société locale peinte par l'usage.

M. Pagès s'occupe successivement de l'exploitation des carrières à ciel ouvert, de l'usufruit des bois ; sous le titre des servitudes, il traite des cours d'eau, du curage des ruisseaux, du bornage, des murs de clôture, des maisons communes à plusieurs propriétaires, du parcours et de la vaine pâture, du glanage, des bans de vendange, de la distance à garder pour les plantations, des constructions qui peuvent nuire aux voisins, des servitudes de passage, de l'échelage, des servitudes militaires. Il passe ensuite aux conventions en général ; il donne sur les anciennes libertés et franchises du Dauphiné, sur le contrat d'albergement et sur le contrat de mariage, des détails pleins d'intérêt. A propos du louage, il

parle du payement des loyers et fermages, des congés, des
déménagements, des réparations locatives, des assolements,
du chargé, des baux à moitié fruit, du bail à cheptel, du
louage des domestiques. Sous le titre de matières diverses,
il traite du pavage des rues, des exhumations, des anciennes
mesures; puis il consacre une section très-complète aux rapports internationaux avec la Savoie. Un dernier chapitre fait
connaître la topographie légale du département. On trouve
dans ce chapitre le tableau légal des distances par canton, le
chiffre de la population et l'indication des fêtes patronales.
L'auteur termine par un glossaire de quelques mots particuliers employés dans les anciens titres et dont l'intelligence
est nécessaire aujourd'hui, parce qu'ils ont été conservés dans
le langage habituel.

Vous pouvez juger, Messieurs, par cette nomenclature, de
la portée de l'ouvrage.

Il est à désirer que le manuscrit de M. Pagès soit imprimé
et livré à la publicité le plus tôt possible. Ce sera un volume
indispensable au magistrat, à l'avocat, au notaire, à l'avoué,
à l'administrateur, au propriétaire.

M. le Préfet vous propose de donner à l'auteur un encouragement moral et de lui allouer un crédit de 250 fr., destiné à
faire face à une faible portion des frais de publication; on ne
saurait trop applaudir, Messieurs, au mérite de ces hommes
qui, après avoir rempli avec une haute distinction les devoirs
de leur charge, savent encore trouver de savants et utiles
loisirs, et acquérir ainsi un nouveau titre à la reconnaissance
et à l'estime publiques.

Votre Commission des objets divers, est d'avis, Messieurs,
qu'il y a lieu d'adopter les propositions de M. le préfet.

Décision du Conseil général.

Après ce rapport, plusieurs membres du Conseil qui ont pu, sur la communication qui leur en avait été faite par l'auteur, prendre une connaissance entière et approfondie de l'ouvrage de M. Pagès, s'unissent aux éloges mérités qui ont été décernés à cet honorable magistrat dans l'excellent rapport dont le Conseil vient d'entendre la lecture.

Le Conseil général s'associe avec empressement aux propositions de la commission ; il vote en conséquence la somme de 250 fr. pour concourir aux frais de publication des usages locaux, à raison de l'intérêt public que présente l'œuvre de M. Pagès, et il décide enfin que le rapport de la Commission sera inséré *in extenso*, au procès-verbal imprimé de ses délibérations.

INTRODUCTION.

L'USAGE a été le premier législateur des nations à leur origine (1), et il est la dernière expression des rapports juridiques et le complément des lois civiles chez les peuples civilisés. En effet, les inspirations de l'équité naturelle et les règles qui en découlent et que la tradition prend soin de conserver, peuvent suffire dans le principe pour décider les différends naissant de rapports et d'intérêts peu compliqués encore; mais lorsque ces règles élémentaires sont devenues insuffisantes par suite des progrès de la civilisation et des rapports multiples qui en ont été la conséquence, et que des règles plus nombreuses et plus variées sont venues les compléter, on a dû nécessairement songer à les réunir toutes en corps de lois écrites, afin que leur connaissance fût plus certaine et leur application plus facile.

Dans la rédaction de ces Codes, les législateurs ont cherché à tenir le milieu entre une trop grande généralité de principes, et un détail trop minutieux de cas particuliers. C'est ainsi que les rédacteurs du Code Napoléon ont renvoyé aux

_____

(1) Beccaria, *Traité des délits et des peines*, n° 42.

usages locaux, toutes les fois que la diversité des règles tenait à des circonstances particulières de mœurs, de climat, de culture, etc., qu'on n'aurait pu rendre uniformes, sans faire violence aux habitudes ou blesser les intérêts des citoyens (1).

L'utilité de recueillir et de constater les usages locaux considérés comme complément de la loi écrite ne saurait donc être douteuse, soit pour les citoyens, dont les intérêts respectifs sont mis en présence par suite de rapports journaliers, soit pour les magistrats appelés à statuer sur les difficultés qui en résultent. Cette utilité a été contestée cependant, et des esprits trop exclusivement épris de l'uniformité de notre législation civile ont désapprouvé cette tendance, qui se manifeste depuis quelque temps, à recueillir les usages et règlements particuliers des départements de la France, et à coordonner pour les besoins de chaque localité les divers éléments, qui viennent compléter les dispositions du Code Napoléon. Cette critique serait fondée, si les recueils de ce genre avaient pour effet de porter quelque atteinte à cette unité de législation, dont on ne saurait trop apprécier le bienfait. Mais personne sans doute n'était plus jaloux de la maintenir, que les rédacteurs eux-mêmes du Code Napoléon, qui voulaient remplir en cela le vœu des Français et celui de toutes nos assemblées nationales, abolir la diversité des coutumes, qui formait dans un même Etat cent Etats différents, et modifier un ordre de choses, où la loi partout opposée à elle-même divisait les citoyens au lieu de les unir (2). Toutefois, ils n'ont pas cru pouvoir se dispenser de renvoyer aux usages locaux, dans des matières accessoires, puisqu'elles ne touchent pas en définitive aux grands principes de notre législa-

---

(1) *Introd. à l'étude du Code Napoléon*, par F. de Lassaux, Paris 1812.

(2) Portalis, *Motifs du titre préliminaire du Code Napoléon*.

tion civile, mais qui n'en sont pas moins d'un usage fréquent
et journalier. Il est évident en premier lieu, qu'il y avait nécessité de s'en rapporter à ces usages, et de renoncer au
bénéfice de l'uniformité dans des matières qui ne la compor-
tent pas, telles que certaines parties du titre des servitudes (1).
En second lieu, il a répugné aux rédacteurs du Code de faire
violence aux habitudes des citoyens, de blesser leur intérêt
particulier, en matière de bail notamment, où la diversité des
climats, la variété des cultures doivent introduire des règles
diverses suivant les contrées. Et qu'on ne croie pas que le
renvoi aux usages locaux ait été le résultat de l'influence que
pouvaient encore avoir, au moment de la promulgation du
Code, les anciennes coutumes locales : des lois récentes (2)
ont suivi la même marche. Le Code civil publié en 1840 pour
les Etats de S. M. le roi de Sardaigne, et qui, dans tout ce qui
touche au pur droit civil, a suivi généralement les dispositions
du Code Napoléon en améliorant toutes celles de ces dispositions, qui étaient susceptibles de l'être, n'a pu se dispenser
de fréquents renvois aux usages locaux (3), parce que ce renvoi est fondé sur la nature même des choses, et qu'il devient
en quelque sorte forcé dans certains cas.

La nécessité du maintien des usages locaux une fois établie,
il est hors de doute que c'est rendre un véritable service que
de constater et de mettre en relief dans un département les
points que ces usages sont appelés à règler. Ce n'est là d'ailleurs
que marcher dans la voie du législateur, lorsqu'il a posé ce
principe : nul n'est censé ignorer la loi. Or la loi, ce sont les
usages dans les cas où le législateur a déclaré que c'est à eux

---

(1) Berlier, *Motifs du titre des Servitudes.*
(2) Loi du 10 juillet 1851 et décret du 10 août 1853, sur les
servitudes militaires.
(3) V. not. les articles 503 en matière d'usufruit ; 597, 598, 603,
604, sur les servitudes ; 1752, 1764, 1783, sur le contrat de louage.

qu'il faut s'en rapporter, en sorte que c'est en réalité faire connaître la loi que de signaler les usages. Un autre avantage des recueils de cette nature, ce serait de permettre au législateur d'abolir ce qui serait susceptible de l'être, et se rapprochant peu à peu de l'unité, qui est le vœu de tous, ne laisser subsister que ce qu'il faudrait accorder encore aux exigences du sol et du climat (1).

Aussi par sa circulaire du 22 juillet 1844, M. le Ministre de l'intérieur invita les préfets à consulter les Conseils généraux, dont plusieurs avaient déjà pris l'initiative (2) sur l'utilité de recueillir les usages de leurs départements dans l'intérêt des services de l'administration et des tribunaux. Ces recueils, ajoute le Ministre, ne sauraient être imposés comme loi. Mais les autorités aussi bien que les particuliers y puiseraient journellement des renseignements indispensables, et par degrés on parviendrait à rectifier et même à fixer d'une manière presque authentique des usages souvent contradictoires et mal connus. La plupart des Conseils généraux ont reconnu l'utilité d'un semblable travail, notamment le Conseil général de l'Isère, dans sa session de 1844 (3), et celui de la Seine, dans la session de 1850 (4).

Par suite de l'impulsion générale ainsi donnée par le Gouvernement et les Conseils généraux de départements, plusieurs recueils ont été publiés sous le patronage et avec le concours de ces conseils et des chefs de la magistrature, et il est à

---

(1) Art. crit. de M. Pont, sur le livre de M. Amédée Clausade, dans la *Revue de Législation* de 1844, t. 2, p. 403.

(2) V. not. les vœux des Conseils généraux des Ardennes, du Finistère, de l'Indre, de la Sarthe, d'Eure-et-Loir, cités par M. Clausade, dans l'ouvrage ci-après mentionné.

(3) V. l'analyse des procès-verbaux du Conseil général de l'Isère, 1844, p. 47-57.

(4) V. *Gazette des Tribunaux* du 9 novembre 1850.

croire que le nombre des recueils de cette nature augmentera
à mesure que l'utilité en sera plus généralement sentie (1).

Il est plus facile de comprendre que de définir régulièrement ce qu'on doit entendre par un usage local. C'est une loi
non écrite généralement, admise par le consentement tacite
des citoyens, pour régler les cas omis par la loi positive.

Il ne faudrait pas appliquer aux usages locaux, qui font
l'objet de ce travail, ce que les jurisconsultes disent de l'usage
et de la coutume en général. Quoique émanés de la même
source, les usages locaux n'ont pas des effets aussi étendus
que les anciennes coutumes et statuts généraux, qui régis-

---

(1) Voici, à ma connaissance, les recueils d'usages locaux déjà
publiés :

Usages de la ville et des environs de Rambouillet, pour locations
verbales, par Dom. Renault, ancien maire, 1836.

Usages locaux de l'arrondissement de Fougères, recueillis et mis
en ordre par Cavé. — Rennes, Blin, 1839.

Usages ruraux des deux cantons de Laval. — Laval, 1840.

Collection des usages locaux et reconnus dans le canton de Chartres, publiés par M. Bouvet-Auzières, doyen des juges de paix de
Chartres, 1840.

Usages locaux ayant force de loi, et topographie légale (département du Tarn), par M. Amédée Clausade, docteur en droit, membre du Conseil général du Tarn, avocat à la Cour royale de Toulouse.
— Paris, 1843.

Usages locaux ayant force de loi, dans le département de la Haute-
Garonne, recueillis par M. Victor Fons, juge au tribunal de Muret.
— Paris-Toulouse, 1845.

Usages et règlements locaux ayant force de loi, dans le département des Côtes-du-Nord, par A. Aulanier et Habasque fils, avocats.
— Saint-Brieuc, 1846.

Usages et règlements locaux ayant force de loi, dans le département d'Ille-et-Vilaine, constatés et recueillis, conformément au vœu
du Conseil général, sous la surveillance et avec le concours de l'administration, par des commissions spéciales, mis en ordre et publiés

saient des provinces d'une grande étendue, et qui pouvaient aller jusqu'à interpréter et même abroger les lois écrites. Les usages conservés par le Code Napoléon et par quelques lois spéciales n'ont pour objet que de compléter la loi positive, dans les cas particuliers expressément prévus par le législateur, ou de servir à l'interprétation des actes et conventions seulement (Cod. Nap., art. 1159, 1160). Mais ils ne sauraient abroger en aucune manière une loi positive générale, ni servir régulièrement à son interprétation.

Pour avoir même cette autorité restreinte, il faut de plus que les usages soient *constants*, c'est-à-dire appuyés sur des faits, qui se reproduisent toujours dans les mêmes circonstances, et *reconnus*, c'est-à-dire considérés par les habitants comme une loi à laquelle ils se soumettent d'une manière générale et absolue.

Anciennement la constatation légale d'un usage, lorsqu'il était contesté, se faisait au moyen de ce qu'on appelait des témoins de *crédence*, choisis par la justice sans avoir besoin du consentement des parties, parmi les plus voisins des lieux contentieux, les mieux sachants, plus prud'hommes sans reproches ou soupçons. Les *jureurs* ou *jurés* avaient un grand

---

par C. Quernest, docteur en droit, avocat à la Cour de Rennes. — Rennes, 1850.

Usages et règlements locaux du département du Finistère, par M. Limon, 1852, in-8°.

On trouve encore quelques notions relatives aux usages locaux, dans le *Manuel de Droit français*, de Pailliet; dans le *Commentaire des lois rurales françaises*, de E.-J.-A. Neveu Derotrie, professeur d'économie rurale à Nantes; dans le *Traité de contrat de louage*, de M. Troplong, etc., etc.

J'ai consulté quelques-uns de ces ouvrages. Mais je suis principalement redevable à MM. Aulanier et Habasque, dont le recueil rédigé avec beaucoup de soin, de concision et de clarté, m'a été fort utile pour la rédaction de mon travail.

rapport avec les anciens conjurateurs des peuples d'origine germanique (1).

Plus tard et sous l'ancien droit, la constatation d'un usage contesté se fit au moyen d'une procédure spéciale appelée enquête par *tourbe*, et d'actes de notoriété délivrés par les jurisconsultes.

Aujourd'hui il faut revenir aux enquêtes ordinaires, à moins que les parties ne produisent des certificats émanés de personnes honorables et pouvant inspirer toute confiance aux tribunaux. On sent que les recueils de la nature de celui-ci doivent suppléer à ces enquêtes, ou obtenir la valeur des certificats de notoriété, avec d'autant plus de raison qu'ils sont publiés dans un but d'intérêt général, et abstraction faite de tout intérêt particulier.

Quant au plan adopté pour ce travail, au lieu de suivre la division par arrondissements, qui eût nécessité de nombreuses subdivisions et des répétitions inutiles, j'ai cru devoir adopter une division par chapitres distincts, suivant l'ordre des matières du Code, qui doivent être complétés par la connaissance des usages locaux. Sous chacune de ces divisions, j'ai constaté l'usage généralement observé dans le département, ou l'absence d'usage, et je n'ai mentionné particulièrement les arrondissements, cantons ou communes que lorsqu'il existait une différence : ce qui se produit au reste assez fréquemment.

Sans négliger les documents qui peuvent exister dans les arrêts de l'ancien Parlement de Grenoble, les écrits et mémoires des jurisconsultes Dauphinois, c'est principalement aux renseignements consciencieux et éclairés qui m'ont été transmis par MM. les juges de paix, que j'ai dû recourir pour

---

(1) V. art. de M. Marmier sur l'ancien style de Normandie, manuscrit du 15ᵉ siècle, dans la *Revue de législation de* 1844, t. 2, p. 47.

remplir le cadre que je m'étais imposé. A cet effet, une série de questions sur les diverses matières pour lesquelles le législateur renvoie aux usages des lieux, a été transmise à messieurs les juges de paix du département, qui ont fourni leurs réponses d'après leur propre expérience, ou avec l'aide des praticiens éclairés du canton, quelquefois même après avoir établi sur plusieurs points des espèces d'enquêtes, où les diverses questions étaient discutées et résolues avec soin.

C'est d'abord sous l'inspiration, et d'après les conseils éclairés de mon honorable ami, M. du Beux, procureur général près la Cour d'Aix, que j'ai commencé à recueillir les usages locaux de l'Isère. M. le procureur général Massot-Reynier (1), avait bien voulu approuver mon projet et me prêter son appui bienveillant, pour me faire obtenir des juges de paix du département les renseignements qui m'étaient nécessaires. J'ai trouvé un concours empressé de la part de MM. Gautier, alors président à Bourgoin, et Berger, alors substitut à Saint-Marcellin; et MM. les juges de paix m'ont transmis des notes rédigées en général avec beaucoup de soin et d'exactitude, et qui m'ont permis de mener à fin une entreprise déjà inutilement tentée par d'honorables devanciers (2). M. le préfet de l'Isère a bien voulu me prêter sa haute intervention et son appui auprès du Conseil général, et lui soumettre le manuscrit de ce travail, qui avait été communiqué antérieurement à MM. le premier président Royer, le président Duport-Lavillette, Charmeil, Sestier, conseillers, et Reynaud, ancien avoué à la Cour impériale, tous membres

---

(1) M. Massot-Reynier est actuellement procureur général à Rouen; il a publié lui-même *les Coutumes de Perpignan*, avec une introduction remarquable au double point de vue de l'histoire du droit et de l'archéologie.

(2) M. Laurent de Valors, de Bourgoin, avait en 1845, essayé de recueillir les usages locaux de l'Isère.

du Conseil général. J'ai mis à profit les observations et les notes importantes et précieuses qui m'ont été fournies avec le plus bienveillant intérêt par MM. Félix Réal, ancien conseiller d'Etat; le procureur général du Beux; Bertier, ancien juge de paix; le professeur Burdet; le professeur Taulier; de Ventavon aîné, avocat; Pilot, archiviste du département; Lavaurs, chef de division à la préfecture, etc. Qu'ils reçoivent tous ici l'expression de ma gratitude, et si ce travail peut avoir quelque utilité pratique, c'est à eux surtout qu'on en sera redevable. Je ne me dissimule pas néanmoins que malgré tous mes soins cette publication ne puisse présenter encore des erreurs ou des lacunes. Je recevrai avec reconnaissance, et je provoque même au besoin les observations qui me seront adressées à cet égard, et qui auront pour résultat de donner au recueil des usages locaux de l'Isère, toute l'exactitude et par suite tout l'intérêt désirables.

CHAPITRE Ier.

DES MODIFICATIONS APPORTÉES AU DROIT DE PROPRIÉTÉ EN CE QUI
CONCERNE L'EXPLOITATION DES CARRIÈRES A CIEL OUVERT.

« La propriété est le droit de jouir et de disposer des choses
» de la manière la plus absolue, pourvu qu'on n'en fasse pas
» un usage prohibé par les lois ou par les règlements (Cod.
» Nap., art. 544).
» L'exploitation des carrières à ciel ouvert a lieu sans per-
» mission, sous la simple surveillance de la police, et avec
» l'observation des lois et règlements généraux ou locaux.
» (L. 21 avril 1810, art. 81.) »

L'EXPLOITATION des carrières à ciel ouvert s'exerce
généralement en toute liberté dans le département
de l'Isère; elle n'a donné lieu exceptionnellement, à
ma connaissance, qu'à trois arrêtés préfectoraux, qui
prescrivent les mesures à suivre dans l'exploitation
de la carrière de chaux hydraulique appartenant au
sieur Carrière, et située sur la commune de Saint-

Martin-le-Vinoux, et qui règlementent l'extraction des pierres dans toutes les communes de la rive gauche de l'Isère, et l'exploitation des mines de lignite dans l'arrondissement de la Tour-du-Pin (1). Voici le texte de ces règlements :

EXPLOITATION DE LA CARRIÈRE DE CHAUX HYDRAULIQUE DE ST-MARTIN-LE-VINOUX.

« Nous, préfet du département de l'Isère. — Vu l'art. 81, tit. 8, sect. 1re de la loi du 21 avril 1810, sur les mines. — Vu l'instruction ministérielle du 3 avril même année, pour l'exécution de ladite loi. — Vu une plainte portée par le sieur Taulier, propriétaire et chef d'institution à Saint-Martin-le-Vinoux, sur le danger auquel les élèves et autres personnes attachées à son établissement sont journellement exposés par suite de l'explosion des mines de la carrière de chaux hydraulique appartenant au sieur Carrière et dont il est voisin. — Vu une enquête dressée par M. le maire de Saint-Martin-le-Vinoux, sur la plainte en question, et de laquelle il résulte qu'en effet il est tombé déjà plusieurs fois chez le sieur Taulier, soit dans son jardin, soit sur sa ter-

---

(1) M. Emile Gueymard, l'honorable et savant ingénieur en chef directeur des mines, m'a assuré qu'il n'avait provoqué pendant la durée de sa longue et si utile administration, la publication d'aucun autre arrêté réglementaire, parce qu'il surveillait et dirigeait lui-même l'exploitation des carrières dans les fréquentes tournées qu'il faisait habituellement dans toute l'étendue de sa circonscription.

rasse, des éclats de pierre, qui ont failli atteindre des élèves ou d'autres personnes.

» Considérant que pour prévenir le retour de ces accidents, il appartient à l'autorité supérieure de prévenir, par un règlement de police les mesures qui doivent être suivies dorénavant dans l'exploitation de ladite carrière;

» Vu le rapport de M. l'ingénieur en chef des mines;

» Arrêtons : Art. 1er. Le sieur Carrière est tenu d'indiquer désormais à ses ouvriers mineurs, ou de leur faire indiquer par un maître mineur capable, pour l'exploitation de sa carrière de chaux hydraulique, la position et la direction des corps de mine, de manière à ce que les blocs de pierre résultant de l'explosion de la mine soient projetés contre la montagne.

» Art. 2. Dès qu'un trou de mine sera entièrement fini, il aura soin après que le maître mineur l'aura chargé, de faire placer au-dessus des fagots et un cadre assez large pour que les projectiles lancés par la force de l'explosion ne franchissent pas sa propriété.

» Art. 3. Immédiatement après la reprise des travaux d'exploitation, le sieur Carrière préviendra MM. les ingénieurs des mines, du jour et de l'heure où l'on fera partir les premiers coups de mine, afin qu'ils puissent se rendre sur les lieux avec le sieur Taulier pour s'assurer si les appareils indiqués présentent assez de garantie contre une explosion à l'extérieur de la carrière.

» Art. 4. Toute contravention de la part du sieur Carrière aux dispositions du présent arrêté sera, sur la réquisition soit du sieur Taulier, soit de M. le maire de Saint-Martin-le-Vinoux, constatée par le garde champêtre, dans la forme ordinaire, et portée devant les tribunaux pour être réprimée conformément au Code pénal.

» Art. 5. Si l'expérience démontrait que les mesures ci-dessus prescrites ne sont pas suffisantes, il en serait ordonné de nouvelles.

» Art. 6. Le présent arrêté sera notifié au sieur Carrière par les soins de M. le maire de Saint-Martin-le-Vinoux; il sera dressé procès-verbal de cette notification.

» Fait à Grenoble le 13 janvier 1841. »

Le préfet de l'Isère,

Signé PELLENC.

EXPLOITATION DES CARRIÈRES DE PIERRE A CIEL OUVERT SUR LA RIVE GAUCHE DE L'ISÈRE.

Règlement de police.

« Nous, préfet de l'Isère, vu les rapports....., desquels il résulte : que les carrières de pierre à ciel ouvert sur la rive gauche de l'Isère (et notamment celle de MM. Sarret et Sorrel, à Goncelin), sont exploitées en sous-œuvre, de telle sorte que le front supérieur de ces carrières surplombe sur la base où sont les ateliers...... Considérant qu'un mode d'exploitation aussi vicieux expose les ouvriers à des dangers incessants et inévitables par la nature éminemment schisteuse des roches exploitées. Considérant qu'en vertu de l'art. 81 de la loi du 21 avril 1810, l'exploitation des carrières à ciel ouvert est soumise à la surveillance de la police locale.

» Considérant qu'aucun autre arrêté n'a été pris par MM. les maires pour la police des exploitations de carrières dans leurs communes, et pour assurer la sûreté des ouvriers qui y sont occupés ; sur les propositions de MM. les ingénieurs des mines, et attendu l'urgence, arrêtons :

» Art. 1er. Les ateliers d'exploitation de la carrière de MM. Sarret et Sorrel, à Goncelin, sont interdits. La reprise des travaux de cette carrière ne pourra avoir lieu que par gradins droits en allant de haut en bas, de manière que les roches entaillées présentent un talus suffisant pour prévenir toutes chûtes de blocs.

» Art. 2. Dans toutes les carrières exploitées à ciel ouvert, tant à Goncelin que dans les autres communes de la rive gauche de l'Isère, l'extraction de la pierre calcaire sera soumise aux conditions portées en l'article ci-dessus.

» Art. 3. Les maires de ces communes et le garde-mines d'Allevard sont spécialement chargés de sur-

veiller l'exécution de ces mesures de sûreté, et de
constater les infractions par des procès-verbaux.......
» Grenoble, le 30 novembre 1846.

» *Signé* PELLENC. »

RÉGLEMENTATION DE L'EXPLOITATION DES MINES DE LIGNITE DANS L'ARRONDISSEMENT DE LA TOUR-DU-PIN.

« Nous, préfet de l'Isère, vu l'arrêté de l'un de
nos prédécesseurs en date du 14 décembre 1840,
portant règlement pour l'exploitation des mines de
lignite de l'arrondissement de la Tour-du-Pin. — Vu
avec un rapport à l'appui, le nouveau projet de règlement proposé par MM. les ingénieurs des mines.
Vu à la suite de l'enquête ouverte dans l'arrondissement de la Tour-du-Pin, les réclamations présentées
contre les dispositions de ce projet relatives à la
largeur des tailles ou ateliers d'abattage. — Vu l'a-
vis de M. le sous-préfet de la Tour-du-Pin et l'avis
de M. l'ingénieur en chef des mines sur les réclamations. — Vu l'art. 50 de la loi du 21 avril 1810, le
décret du 3 janvier 1813, l'art. 8 de la loi du 27 avril
1838 et l'ordonnance réglementaire du 26 mars
1843.

» Considérant que les nombreux accidents survenus dans les mines de lignite de l'arrondissement de
la Tour-du-Pin, démontrent l'insuffisance des prescriptions réglementaires en vigueur, et la nécessité
de recourir à de nouvelles mesures de sûreté.

» Considérant toutefois, qu'il importe dans la fixation des dimensions à donner aux ateliers d'exploitation, de concilier l'intérêt des ouvriers avec leur propre sûreté.

» Arrêtons : — Art. 1er. Les exploitations de lignite de l'arrondissement de la Tour-du-Pin seront visitées une fois par mois par le garde-mines, non compris les visites de MM. les ingénieurs.

» Art. 2. Les exploitants sont obligatoirement tenus d'accompagner les ingénieurs et le garde-mines toutes les fois qu'ils se présenteront pour inspecter les galeries. Ils devront se conformer à leurs instructions en ce qui concerne la bonne direction des travaux, la sûreté des ouvriers et la conservation des mines.

» Art. 3. La largeur à donner aux tailles ou ateliers d'abattage sera réglée d'après la nature du toit.

» Cette largeur ne pourra excéder :

Pour un toit en poudingue pur, cinq mètres;

Pour un toit en poudingue demi-dur, quatre mètres;

Pour un toit en sable plus ou moins mêlé de cailloux et en marne sablonneuse, trois mètres.

» Art. 4. Sous le poudingue dur et demi dur, il y aura toujours à la taille derrière les ouvriers, au moins deux étançons, indépendamment de ceux que l'état de la galerie rendra indispensables. Le nombre de ces étançons sera porté à trois quand le toit sera sablonneux ou composé de sable mêlé de cailloux.

» Art. 5. Quelle que soit la nature du toit, la galerie principale servant à la sortie au jour des matières, sera remblayée à mesure de son avancement, à l'aide des débris de rochers provenant de l'extraction du lignite, de manière à ce que la largeur n'excède pas 1ᵐ50, dimension suffisante pour le roulage. En outre, partout où les ingénieurs ou le garde-mines reconnaîtront que cette galerie présente quelque danger d'éboulement, le propriétaire de la mine sera tenu de boiser solidement.

Art. 6. Il est formellement prescrit aux exploitants de fournir des porte-chaînes aux gardes-mines pour le levé des plans extérieur et intérieur de leurs travaux, à moins qu'ils ne fassent en même temps lever les plans, conformément à la loi.

» Art. 7. Toutes les contraventions aux mesures ci-dessus prescrites seront constatées, dénoncées et poursuivies, conformément aux articles 93 et 96 de la loi du 21 avril 1810. La suspension ou l'interdiction des travaux reconnus dangereux peuvent en outre être prononcées administrativement en vertu de l'art. 50 de la même loi et de l'art. 8 de la loi du 27 avril 1838, sans préjudice de l'exécution d'office, aux frais de l'exploitant, des ouvrages conservatoires jugés nécessaires, qui pourra avoir lieu par application de l'art. 4 de l'ordonnance réglementaire du 26 mars 1843.

» Art. 8. Conformément à l'art. 32 du décret du 3 janvier 1813, en cas d'accident qui aurait occasionné la mort ou des blessures à une ou plusieurs personnes par la faute de l'exploitant, celui-ci sera traduit devant les tribunaux, pour l'application, s'il y a lieu, des articles 319 et 320 du Code pénal, indépendamment des dommages-intérêts qui pourraient être alloués au profit de qui de droit.

» Art. 9. Le présent arrêté sera publié et affiché dans toutes les communes de l'arrondissement de la Tour-du-Pin, où il existe des exploitations de lignite et inséré au recueil administratif. M. l'ingénieur en chef des mines est chargé d'en surveiller l'exécution.

» Grenoble, 5 août 1851.

> *Signé* CHAPUYS-MONTLAVILLE. »

Un arrêté complémentaire du 2 août 1852, enjoint aux exploitants de faire connaître immédiatement à l'administration les accidents qui peuvent survenir dans les mines.

DÉCRET IMPÉRIAL PORTANT RÉGLEMENT POUR LES TOURBIÈRES QUE RENFERMENT LES ARRONDISSEMENTS DE VIENNE ET DE LA TOUR-DU-PIN.

Un décret impérial du 5 juillet 1854, vient de réglementer l'exploitation de la tourbe dans les arrondissements de Vienne et de la Tour-du-Pin. Voici le texte de ce décret :

« Art. 1er. Les tourbières particulières ou communales que renferment les arrondissements de Vienne et de la Tour-du-Pin, département de l'Isère,

sont soumises aux mesures d'ordre et de police ci-
après déterminées :

TITRE Ier.

DES AUTORISATIONS.

SECTION Ire. — Des tourbières appartenant à des particuliers.

» Art. 2. Tout propriétaire qui voudra commencer une exploitation de tourbe sur son territoire,
devra en faire préalablement la déclaration.

» Semblable déclaration devra être faite chaque
année par le propriétaire qui voudra continuer une
exploitation antérieurement commencée.

» Art. 3. Les déclarations sont reçues à la mairie
de chaque commune avant le 15 janvier inclusive-
ment. Elles sont consignées sur un registre spécial
d'un modèle uniforme pour toutes les communes,
arrêté par le Préfet, sur le rapport de l'ingénieur
des mines.

» Chaque déclaration fait connaître : les nom,
prénoms et domicile du déclarant, la situation, l'é-
tendue et le numéro de la parcelle cadastrale où il
a l'intention d'exploiter ; l'étendue superficielle qu'il
compte exploiter dans l'année et l'épaisseur de
tourbe qu'il se propose d'enlever.

» Il est délivré au déclarant, sur sa demande, un
récépissé de sa déclaration.

» Art. 4. Le 16 janvier, le registre d'inscription des déclarations est clos.

» La déclaration non déposée à la mairie avant cette époque n'est admissible que pour l'année suivante :

» Art. 5. Le maire de la commune transmet sans délai au Sous-Préfet de l'arrondissement copie des déclarations, avec ses observations. Dans un délai de huit jours, le Sous-Préfet envoie ces pièces au Préfet avec son avis. Le Préfet renvoie le tout à l'ingénieur des mines, qui procède ou fait procéder, s'il y a lieu, à l'exploration des localités et aux opérations jugées nécessaires et adresse au Préfet, avant le 1er mai, ses propositions motivées.

» Art. 6. Le Préfet statue sur les déclarations des habitants d'une même commune, soit par arrêtés individuels, soit par arrêtés collectifs, s'il s'agit de parcelles dont la réunion forme un ensemble susceptible d'être exploité dans les mêmes conditions et au moyen de travaux d'utilité commune.

» Les arrêtés d'autorisation individuels ou collectifs fixent l'épaisseur de la tourbe à extraire, prescrivent l'exécution des rigoles ou fossés d'égouttement ou d'assainissement, ainsi que toutes les autres mesures à prendre dans l'intérêt de la salubrité publique, notamment afin de rendre possible ou plus facile l'accomplissement des conditions générales énoncées dans l'art. 13 ci-après.

» Les autorisations d'exploiter ne sont délivrées que pour la durée de la campagne, sauf renouvelle-

ment chaque année dans les formes ci-dessus prescrites.

» Art. 7. Les arrêtés pris par le Préfet sont adressés, par l'intermédiaire des Sous-Préfets, aux maires
des communes respectives, qui sont chargés de les
notifier aux parties intéressées. Cette notification doit
être faite avant le 15 mai. A cette époque, tout particulier qui a fait régulièrement sa déclaration pour
l'année courante peut, à défaut de notification, continuer les travaux autorisés l'année précédente.

» Art. 8. Les individus compris dans un même
arrêté sont tenus d'exécuter ensemble les travaux
d'utilité commune prescrits par ledit arrêté.

» Art. 9. Dans le cas où les exploitants, après
avoir été mis en demeure, n'exécutent point les travaux mis à leur charge, ou négligent de les entretenir,
il est pourvu aux dispositions nécessaires par le
Préfet, sur le rapport de l'ingénieur des mines.

» Les dépenses qui sont faites en pareil cas sont
constatées, réglées et réparties dans les formes établies au titre III art. 17 du présent décret.

SECTION 2. — Des tourbières communales.

» Art. 10. Les demandes de tourbage dans les propriétés communales doivent être chaque année, avant
le 1er février, adressées au Sous-Préfet avec la délibération du conseil municipal de la commune à
l'appui.

» La demande indique, d'une manière précise,

l'emplacement du terrain tourbeux à exploiter, la destination de la tourbe à extraire, le mode d'exécution du tourbage que la commune désire adopter soit par le concours des habitants, soit en régie au compte de la commune, soit par un entrepreneur responsable.

» Art. 11. Le Sous-Préfet transmet la demande avec son avis, au Préfet qui la renvoie à l'ingénieur des mines.

» Le conducteur de tourbage lève, sous la direction de l'ingénieur des mines, le plan du terrain tourbeux, détermine la pente du sol par des nivellements, l'épaisseur et la quantité du dépôt tourbeux par des sondages ; l'ingénieur propose ensuite au Préfet, s'il y a lieu, d'accorder l'autorisation demandée pour une étendue de terrain limitée et tracée sur le plan, sous les conditions générales déterminées par le présent règlement et les conditions particulières qu'il juge nécessaires dans l'intérêt de la sûreté et de la salubrité publiques. L'ingénieur donne aussi son avis sur le mode d'exécution de tourbage préféré par la commune.

» Art. 12. Le Préfet statue sur les propositions de l'ingénieur des mines relatives tant à l'exploitation qu'au mode d'exécution du tourbage. S'il le juge nécessaire, il peut prescrire que le tourbage soit exécuté par un entrepreneur responsable, qui représente la commune vis-à-vis de l'administration. Dans ce cas, l'entrepreneur doit être présenté par le maire de la commune et agréé par le Préfet.

TITRE II.

RÈGLES COMMUNES A TOUTES LES EXPLOITATIONS DE TOURBES.

» Art. 13. Les communes ou les particuliers, exploitant séparément ou par groupes, sont tenus :

» 1° Soit de remblayer partiellement, au fur et à mesure de l'avancement des travaux, les excavations qui résultent de l'enlèvement de la tourbe, avec les gazons et la terre végétale provenant de la tourbière même ou avec tous autres matériaux, et de niveler le terrain en fin d'exploitation, de sorte que tous les points de la surface du terrain ainsi remblayé et nivelé soient assez élevés au-dessus du niveau de l'eau à l'étiage dans les cours d'eau, canaux et fossés généraux de desséchement du voisinage, pour qu'il puisse être mis entièrement à sec et qu'il n'y reste d'eau apparente nulle part; soit au contraire, de donner aux excavations une profondeur telle que tous les points du fond se trouvent assez en contre-bas des cours d'eau, canaux et fossés généraux de desséchement du voisinage, pour qu'ils restent, en toute saison, couverts d'une couche d'eau de 0^m50 de profondeur au moins, et de tailler les parois desdites excavations verticalement;

» 2° D'établir et d'entretenir en bon état les rigoles ou fossés que l'administration jugera nécessaires pour assécher le terrain des excavations remblayées, ou pour mettre les entailles non remblayées en communication avec les cours d'eau, canaux ou fossés de desséchement, afin que leur fond ne soit jamais découvert d'eau ;

» 3° De curer et repurger les rigoles d'égouttement ou de communication, et les entailles non remblayées, toutes les fois que la nécessité en est reconnue par l'administration.

» 4° De se conformer aux conditions qui leur sont prescrites par les arrêtés d'autorisation, et aux instructions qui leur sont données par le Préfet, pour tout ce qui concerne la sûreté et la salubrité publiques.

» Art. 14. Les exploitations par entailles qui ne sont pas remblayées au fur et mesure de l'avancement des travaux ne peuvent être poussées qu'à la distance de 10^m des routes impériales et départementales et canaux généraux de desséchement, et de 8^m des chemins vicinaux, canaux secondaires de desséchement et ruisseaux.

» Les distances à observer par rapport aux fossés de clôture, aux limites des propriétés voisines et aux rigoles servant à l'égouttement ou à l'assainissement des terrains tourbeux, sont déterminées, dans chaque cas, par le Préfet, dans les arrêtés spéciaux d'autorisation.

TITRE III.

DE LA RÉPARTITION DES DÉPENSES ET DES PERCEPTIONS.

» Art. 15. Sont à la charge des déclarants autorisés à exploiter, communes, particuliers ou réunions de propriétaires compris dans un même arrêté d'autorisation : les frais de levées de plans, de nivellement, de sondages, études pour le tracé de rigoles et autres travaux, y compris les rémunérations qui peuvent être dues aux ingénieurs des mines et aux agents placés sous leurs ordres; sont aussi à leur charge toutes les dépenses faites ou à faire pour l'ouverture et l'entretien des rigoles, fossés d'égouttement et autres travaux prescrits par le présent règlement ou en vertu dudit règlement.

» Art. 16. Les honoraires dus aux ingénieurs des mines et aux agents placés sous leurs ordres pour frais de levées de plans, nivellement, sondages, emparquements et récolements, devis de rigoles ou autres travaux, sont réglés par le Préfet sur états détaillés fournis par l'ingénieur ou vérifiés et certifiés par lui, conformément au décret du 10 mai 1854.

» Art. 17. La répartition à opérer par suite des articles qui précèdent est faite sur les états détaillés fournis par les ingénieurs des mines, et après que les exploitants, et en ce qui concerne les intérêts des communes, les conseils municipaux auront été entendus.

» La part contributive de chaque particulier autorisé à exploiter par un arrêté individuel ou de chaque groupe d'exploitants compris dans un même arrêté d'autorisation, est réglée proportionnellement à leur degré d'intérêt dans les travaux qui devront s'effectuer.

» La sous-répartition à faire entre les exploitants composant un même groupe est établie sur la même base.

» Art. 18. Ces répartitions, ainsi que le recouvrement des cotisations, seront faits en se conformant aux dispositions des articles 35, 36 et 37 de la loi du 16 septembre 1807.

TITRE IV.

DE LA SURVEILLANCE ADMINISTRATIVE.

» Art. 19. Les ingénieurs des mines du département de l'Isère surveillent et dirigent, sous les ordres du Préfet, les travaux concernant l'exploitation des tourbes dans les arrondissements de Vienne et de la Tour-du-Pin.

» Art. 20. Les ingénieurs des mines ont sous leurs ordres un conducteur de tourbage résidant à la Tour-du-Pin.

» Ce conducteur est commissionné par le Préfet et assermenté.

» Sa nomination sera soumise à l'approbation de notre Ministre de l'agriculture, du commerce et des travaux publics.

» Le Préfet détermine, sur le rapport de l'ingénieur des mines, la quotité du traitement annuel à allouer à cet agent.

» Ce traitement sera à la charge des intéressés, et le payement en sera réparti entre eux conformément à l'art. 17 ci-dessus.

» Art. 21. L'exploitation de la tourbe, dans les propriétés, tant communales que particulières, est en outre surveillée, concurremment avec les ingénieurs des mines et agents sous leurs ordres, par les maires et autres officiers de police municipale.

TITRE V.

DE LA CONSTATATION, DE LA POURSUITE ET DE LA RÉPRESSION DES CONTRAVENTIONS.

» Art. 22. Les contraventions aux dispositions du présent règlement et des arrêtés pris par le Préfet en vertu dudit règlement, sont dénoncées et constatées par les ingénieurs des mines, garde-mines et conducteurs de tourbage et concurremment par les maires, adjoints, commissaires de police, gardes-champêtres, gendarmes et autres officiers de police, ainsi que par les ingénieurs et conducteurs des ponts et chaussées en ce qui touche à la grande voirie et intéresse le maintien du desséchement.

» Art. 23. Les procès-verbaux dressés contre les contrevenants après avoir été dûment affirmés, s'il y a lieu, sont transmis en originaux à qui de droit, et les contrevenants poursuivis d'office devant la juridiction compétente.

» Copie en est en outre adressée au Préfet du département, qui, sur le rapport de l'ingénieur des mines, ordonne, s'il y a lieu, la cessation immédiate des travaux, ainsi qu'il est prévu en l'art. 86 de la loi du 21 avril 1810.

» Art. 24. Il n'est point dérogé par le présent décret aux dispositions des règlements antérieurs concernant le desséchement des marais de Bourgoin.

TITRE VI.

DISPOSITIONS GÉNÉRALES.

» Art. 25. Le présent décret sera inséré au *Bulletin des lois*.

» Il sera publié par les soins des maires dans les communes où il existe des exploitations de tourbe.

» Art. 26. Notre Ministre, secrétaire d'Etat au département de l'agriculture, du commerce et des travaux publics est chargé de l'exécution du présent décret.

» Fait au palais de St-Cloud, le 5 juillet 1854.

» *Signé :* NAPOLÉON. »

A Voreppe, l'usage a été pendant fort longtemps d'exploiter à tranchées ouvertes les carrières de sable réfractaire, qui existent dans cette commune. Aujourd'hui encore certains propriétaires continuent de se conformer à cet usage quand l'exploitation n'est pas plus dispendieuse. Ce mode d'extraction avait l'avantage de permettre aux tiers intéressés de surveiller journellement leurs intérêts et d'arrêter à temps les empiètements et les usurpations, qui pouvaient se commettre. Quand on déroge aux usages anciens et établis, pour adopter le mode d'extraction par puits avec galeries souterraines, il faut s'astreindre à des règles d'art et à certains travaux destinés à prévenir les éboulements. Il existe à cet égard deux systèmes : celui des talus et celui des étançonnages. Le premier est le plus défectueux, parce qu'il est insuffisant pour protéger d'une manière efficace l'intérêt des voisins, et qu'il est plus dispendieux par suite de l'obligation où l'on est de laisser une grande quantité de matériaux, et de sacrifier ainsi une partie des produits. Le moyen le plus sûr et aussi le plus économique est le système des étançonnages, en en faisant l'application de proche en proche, au fur et à mesure de l'avancement des travaux d'extraction, en ayant soin de rejeter contre le bois des étaies, et après épuisement complet du sable, les déblais de matières étrangères, qui formant ainsi remblai seront destinés à remplacer avantageusement les bois des étaies après leur décomposition et à économiser les frais périodiques de nouveaux étançonnages. Car il est reconnu que le simple revêtement, pourvu qu'il garantisse du contact de l'air, prévient toute exfoliation d'un massif quelconque, fût-il le plus faible de l'espèce. (Extrait d'un rapport d'experts déposé au greffe du tribunal de Grenoble, le 25 mars 1854, homologué par un jugement rendu le 19 juillet 1854, affaire Gadot, C. Pezel et Rousset.)

Dans le canton de Vizille, où il existe des carrières de plâtre et de pierres à bâtir, les exploitants n'ont d'autres obligations, que de laisser contre la limite une pente ou talus de quarante-cinq degrés, afin de prévenir les éboulements, ou de remplacer ce talus par des travaux d'art, de manière à ne pas nuire au voisin.

Dans le canton de Morestel, où beaucoup de carrières sont ouvertes en grande partie sur des terrains communaux, le conseil municipal de la commune de Montalieu-Vercieu a fait le 15 juin 1835 un règlement approuvé par M. le préfet de l'Isère le 8 janvier 1836, indiquant les conditions nécessaires à l'ouverture des carrières sur le sol communal, et les devoirs et obligations des exploitants. Ce règlement paraît avoir rencontré depuis quelques années certaines difficultés dans son exécution.

CHAPITRE II.

DE L'USUFRUIT.

« Sì l'usufruit comprend des bois taillis, l'usufruitier est
» tenu d'observer l'ordre et la quotité des coupes, conformé-
» ment à l'aménagement ou à l'usage constant des proprié-
» taires, sans indemnité toutefois en faveur de l'usufruitier ou
» de ses héritiers pour les coupes ordinaires, soit de taillis,
« soit de baliveaux, soit de futaie, qu'il n'aurait pas faites
» pendant sa jouissance.

» Les arbres qu'on peut tirer d'une pépinière sans la dé-
» grader ne font aussi partie de l'usufruit qu'à la charge par
» l'usufruitier de se conformer aux usages des lieux pour le
» remplacement. (Code Nap., art. 590.)

» L'usufruitier peut prendre dans les bois des échalas pour
» les vignes : il peut aussi prendre sur les arbres des pro-
» duits annuels ou périodiques ; le tout suivant l'usage du
» pays ou la coutume des propriétaires. (Code Nap., art. 593).

L'USUFRUIT est le droit de jouir des choses dont un

autre a la propriété comme le propriétaire lui-même, mais à la charge d'en conserver la substance.

En règle générale, il n'y a pas de difficultés sur ce qu'on doit entendre par fruits naturels ou civils, et par conséquent sur les objets qui doivent faire la matière de l'usufruit. Mais la difficulté peut exister, lorsqu'il s'agit de bois et forêts, parce que les fruits ne se reconnaissent pas alors à un caractère bien certain. Tel propriétaire conserve une partie de son bois pour le laisser en futaie ; tel autre la coupe à des époques périodiques, qui varient suivant l'usage auquel le bois est destiné.

C'est pourquoi la loi a imposé à l'usufruitier l'obligation de consulter pour le mode de sa jouissance, l'aménagement suivi par les précédents propriétaires, et à défaut de notions précises sur ce point, l'usage constant des propriétaires de la localité.

Les renvois aux usages locaux en cette matière, ont trait aux bois taillis et de futaie, aux pépinières, aux échalas pour les vignes, aux produits annuels et périodiques des autres bois, et à la distribution de l'affouage aux habitants des communes. Chacun de ces objets fera la matière d'une section distincte.

SECTION 1re. — Des bois taillis et de futaie.

Les bois se divisent en bois taillis et bois de futaie.
Les premiers sont ceux qui n'ont pas atteint l'âge de 30 ans. (L. 3 frim. an VII, art. 69.)

Les seconds sont ceux qu'on a laissés croître au delà de cet âge.

Les bois soumis au régime forestier sont régis par les dispositions spéciales du Code forestier. Il ne peut être ici question que des bois des particuliers, dont ceux-ci ont l'entière disposition, conformément à l'art. 2 du Code forestier, et sauf les restrictions spécifiées dans ce Code.

Les taillis sont plus particulièrement considérés comme des fruits naturels de la terre, et l'usufruitier a le droit d'en jouir, en suivant l'aménagement du précédent propriétaire, ou l'usage constant de la localité. Il y a cependant une exception au droit de l'usufruitier, lorsqu'il résulte des circonstances, que l'intention formelle du propriétaire était de laisser croître son bois en futaie, car la loi lui a laissé toute latitude à cet égard, et l'usufruitier doit se conformer au mode d'exploitation qu'il trouve établi.

On appelle baliveaux les plants réservés lors de la coupe des taillis; ils servent à opérer les semis des forêts et à créer des futaies. L'usufruitier n'y a droit que lorsque le propriétaire était dans l'usage bien reconnu de les couper à un âge déterminé. Il ne suffirait même pas que les propriétaires antérieurs eussent fait couper quelquefois les baliveaux anciens répandus dans les bois taillis, pour que l'usufruitier pût se le permettre lui-même, si ce fait ne constituait pas un usage périodique. C'est ce qui a été décidé par un arrêt de la Cour de Toulouse du 26 décembre 1835, rapporté dans le recueil de M. Clausade, *Usages locaux du Tarn*, p. 13.

Il n'existe dans le département de l'Isère aucun usage bien constant quant à l'aménagement des bois non soumis au régime forestier.

Dans l'arrondissement de Grenoble, on n'est pas dans l'usage de faire des coupes réglées de taillis ; dans les cantons de Corps, Valbonnais et Villard-de-Lans, les propriétaires exploitent leurs bois en jardinant et abattant les arbres gros et petits suivant leurs besoins, ou les règles d'une bonne culture.

Dans les autres cantons, le temps laissé entre les coupes varie, suivant que le bois est destiné à faire des fagots, ou des échalas pour les vignes, ou du bois de chauffage. Dans le premier cas, on coupe tous les sept ou huit ans ; dans les autres, de dix-huit à vingt-cinq ans, suivant l'essence et la plus ou moins belle venue des arbres.

Il en est à peu près de même dans les arrondissements de Vienne et de la Tour-du-Pin.

Dans l'arrondissement de Saint-Marcellin, les bois essence châtaignier destinés à fabriquer des cercles sont coupés ordinairement tous les sept ou huit ans ; lorsqu'ils sont destinés à faire des perches pour les treillages, le temps laissé entre chaque coupe varie de douze à vingt ans.

Les arbres, essence chêne, exploités pour l'écorce destinée aux tanneurs, sont coupés tous les cinq ans au moins et huit ans au plus.

L'usage lorsque les taillis sont en coupes réglées

est de laisser un certain nombre de baliveaux, à l'exception toutefois des taillis de châtaignier dans l'arrondissement de Saint-Marcellin, où on ne laisse pas de baliveaux. Il en est de même dans le canton de Mens, où il n'est pas habituellement d'usage de laisser des baliveaux.

Le nombre de ces baliveaux, dans les lieux où ils sont en usage, n'est pas très-exactement déterminé, notamment dans les cantons d'Allevard, du Monestier-de-Clermont, du Roussillon, de Morestel et de Saint-Etienne-de-Saint-Geoirs.

Dans les autres cantons, le nombre varie de quarante à soixante, et il est en moyenne de cinquante par hectare, conformément à l'ordonnance de 1669. Toutefois, dans les communes de Theys, les Adrets et Hurtières, canton de Goncelin, le nombre n'est que de trente; à Pontcharra et à St-Maximin, dans le même canton, on n'en laisse que vingt-cinq; mais il s'élève de quatre-vingts à cent, dans les cantons du Touvet, Vif et Vizille, et même jusqu'à cent-vingt, dans le canton de Saint-Jean-de-Bournay.

Ces baliveaux sont coupés par le propriétaire, suivant ses besoins; ordinairement ils restent sur pied jusqu'à la prochaine coupe, et on en laisse quelquefois pour bois de service. Mais il n'y a pas d'usage constant à cet égard.

Les futaies sont plus particulièrement considérées comme dépendance du fonds, et, suivant une expression consacrée, comme un capital réservé; l'usufruitier n'y a aucun droit en thèse générale, à moins qu'elles n'aient été mises en coupes réglées par l'exploitation périodique d'une certaine étendue de surface, ou d'un nombre déterminé et constant de pieds d'arbres chaque année. (V. arrêt de la Cour d'Orléans du 14 juillet 1849, Sir. Dev., 49, 2-591; Proudhon, *de l'usufruit*, n° 1185.)

Mais le fait de la part de l'ancien propriétaire d'avoir coupé chaque année des arbres de haute futaie dans une certaine mesure, suivant ses besoins et l'état des arbres, ne saurait constituer l'établissement de coupes réglées profitables à l'usufruitier, d'après l'art. 591, Cod. Nap. (V. arrêts de la Cour d'Agen, 14 juillet 1836, Dev. 36, 2-570, et Cass. 14 mars 1838; *idem* 38, 1-741.)

Relativement aux futaies, et à la différence de ce qui a lieu pour les taillis, la loi renvoie à l'usage des anciens propriétaires, et non pas aux usages locaux de la contrée, ce qui dispense de rechercher et constater ces derniers usages, et nécessite pour chaque cas particulier une solution spéciale laissée à l'appréciation des juges.

SECTION 2. — Des pépinières.

On nomme pépinière un terrain planté de jeunes arbres destinés à être transplantés ailleurs. L'établissement d'une pépinière a pour but, soit la vente des arbres, soit la possibilité de satisfaire sans frais aux besoins du domaine et des bâtiments d'exploitation.

Le droit de l'usufruitier est de jouir de la pépinière tombée dans son usufruit, mais à la charge de ne pas la dégrader, c'est-à-dire de l'entretenir en bon état. Ses obligations varient par conséquent selon qu'il s'agit de pépinières dont les arbres sont destinés à la vente, et, dans ce cas, l'usufruitier peut vendre les arbres au moment où ils peuvent être transplantés, mais à la charge de les remplacer exactement, ou selon qu'il s'agit d'une pépinière établie simplement pour l'utilité d'un domaine ; dans ce cas, l'obligation de remplacer les arbres est moins rigoureuse, parce que les pépinières de cette nature ne se renouvellent pas ordinairement.

Il n'existe pas en général de pépinières dans le département de l'Isère, où la propriété est très-divisée, et où l'on rencontre très-peu de grandes exploitations. Il n'existe pas par conséquent d'usage bien établi sur le remplacement des arbres. Les petites pépinières établies par quelques propriétaires sont utilisées jusqu'à épuisement complet. Elles ne se repeuplent pas, et on les renouvelle, s'il y a lieu, sur un autre terrain, suivant les règles d'une bonne culture.

SECTION 3. — Des échalas pour les vignes.

La vigne est cultivée de plusieurs manières dans le département de l'Isère, en hautins, en treillages, en espaliers et en vignes basses.

La vigne cultivée en hautins (1) est mariée à l'érable commun ou à des piquets, appelés aussi four-chaux et cochaux.

La vigne cultivée en treillages est supportée par des cerisiers ou des piquets reliés transversalement par des perches, lesquelles sont à leur tour coupées verticalement par des montants appelés aussi palis-sons et échalas. A Saint-Marcellin, la culture en espaliers au moyen de paisseaux et lattes transver-sales remplace la culture en hautins, qui cesse dans la plaine de Tullins.

La vigne basse est quelquefois complétement dé-sarmée, comme dans les cantons de Clelles, Mens et le Monestier-de-Clermont. D'autres fois elle est soutenue par des échalas, comme dans les communes du canton *nord* de Grenoble.

---

(1) L'usage de cultiver là vigne en hautins remonte jusqu'aux Romains, ainsi que le démontrent ces vers d'Horace :

Ergò aut adultâ vitium propagine
Altas maritat populos.

(EPOD. LIB., ODE 2.)

Ce mode est resté spécial au département de l'Isère.

Ordinairement les échalas sont prélevés sur les branchages des sapins ou autres arbres qu'on exploite en taillis, ou bien encore on en fait avec les émondes périodiques de certains arbres, tels que saules, frênes, cerisiers, érables et noisetiers, en aménageant avec soin, et de manière à ne faire les coupes que dans le temps et à l'âge voulus. Enfin, les propriétaires les plus aisés emploient pour la confection des perches, et notamment pour les fourchaux des hautins, les châtaigniers provenant de baliveaux laissés dans les taillis, ou de plantations anciennes faites dans les terres, et dont le bois est refendu pour cet usage.

Dans les localités où le châtaignier est exploité pour la confection des cercles, comme dans l'arrondissement de Saint-Marcellin, on emploie généralement pour échalas les débris de bois de cercle.

En général, l'usage accorde à l'usufruitier le droit de prendre dans les bois du domaine, les bois nécessaires à l'armement des vignes, comme le propriétaire avait l'habitude de le faire lui-même, au moins en ce qui concerne l'entretien annuel. Toutefois, cet usage pour les cantons de la Tour-du-Pin et Morestel, paraît restreint aux échalas proprement dits, employés pour soutenir la vigne basse, et ne pas s'étendre aux piquets ou fourchaux des hautins ou treillages.

SECTION 4. — Des produits annuels ou périodiques des arbres.

Les produits annuels ou périodiques des arbres, dont parle l'art. 593, comprennent les fruits proprement dits et la coupe des émondes.

Il n'y a pas d'usage relativement aux fruits, qui doivent être cueillis seulement à l'époque de leur maturité; ils cessent d'appartenir à l'usufruitier, si son droit prend fin avant l'époque ordinaire de la récolte. Cette époque arrivée, l'usufruitier est libre de les cueillir, quand il lui plaît, sauf en ce qui concerne les raisins, dans les communes où il existe un ban de vendanges; mais les fruits n'appartiennent à l'usufruitier que dès l'instant où ils sont détachés du sol.

Relativement à l'émondage des arbres, c'est la destination du père de famille qui règle les droits de l'usufruitier, et celui-ci n'a pas le droit d'émonder les arbres, que le propriétaire n'avait pas soumis à ce mode d'exploitation. A l'exception peut-être du saule, on ne doit jamais *couronner* aucun arbre, s'il ne l'a déjà été auparavant, et on doit se borner à élaguer les arbres qui ont été ainsi exploités par les possesseurs précédents. Le peuplier, quand on le coupe, n'est presque jamais qu'élagué.

L'émondage est pratiqué ordinairement pour se procurer des feuilles destinées à la nourriture du

4

bétail pendant l'hiver, ou des échalas pour la vigne, ou des fagots de bois à brûler.

Il a lieu, en général tous les quatre ou cinq ans au mois de septembre, lorsqu'on veut conserver la feuille, et plus tard, en novembre et décembre, quand on veut se procurer du bois pour armer les vignes.

Toutefois, dans le canton du Touvet, les saules sont émondés et les peupliers élagués à la seconde ou troisième année de la pousse; même les cerisiers qui servent de tuteurs aux vignes sont élagués tous les deux ans, et cet élagage se fait au printemps en même temps que la taille des vignes. C'est ce qui se pratique notamment dans le canton de Voiron, et dans plusieurs communes de l'arrondissement de la Tour-du-Pin.

SECTION 5. — De la distribution de l'affouage aux habitants des communes.

« S'il n'y a titre ou usage contraire, le partage des bois
» d'affouage se fera par feu, c'est-à-dire par chef de famille
» ou de maison ayant domicile réel et fixe dans la commune.
» S'il n'y a également titre ou usage contraire, la valeur
» des arbres délivrés pour constructions ou réparations sera
» estimée à dire d'experts et payée à la commune. (Code
» forestier, art. 105.) »

On désigne sous le nom d'affouage les bois délivrés annuellement par l'administration forestière aux communes, pour le chauffage des habitants ou pour les constructions et réparations de leurs bâtiments.

L'administration forestière fait les délivrances de coupes eu égard aux besoins des habitants, combinés avec les ressources des bois dont elle a l'administration et la régie, et elle reste ensuite entièrement étrangère au mode de distribution à opérer entre les habitants.

Ce mode a varié suivant les époques. L'ordonnance de 1669 voulait que le produit des coupes dans les forêts des communautés et paroisses fût distribué aux habitants suivant la coutume (1). Un décret du 10 juin 1793 avait posé le principe que le partage des biens communaux se ferait par tête, et celui du 26 nivôse an 2, en fit l'application à la distribution de l'affouage. Mais deux avis du Conseil d'Etat en date des 20 juillet 1807 et 26 avril 1808 décidèrent que le partage des biens communaux, et par suite des bois d'affouage devait avoir lieu par feux, c'est-à-dire par chefs de famille, et cette législation fut en vigueur jusqu'à la promulgation du Code forestier en 1827.

Le projet primitif de l'art. 105 posait également le même principe, et ce ne fut qu'à la suite d'amendements présentés dans le cours de la discussion au sein des chambres législatives, et sous l'influence des idées de l'époque et d'un esprit de retour aux an-

---

(1) Art. 11, tit. 25, de l'ordonnance du mois d'août 1669, sur le fait des eaux et forêts.

avant l'entière exploitation de la coupe. (Arrêt de la
Cour de Grenoble sur le renvoi de la Cour de Cassation, 26 août 1848. *Journ.*, tom. 13, p. 143.)

Au contraire, on a décidé que l'usage établi dans
une commune de n'accorder qu'un demi-lot d'affouage aux habitants non mariés, ou n'ayant pas
avec eux enfants ou domestiques, avait le caractère
des usages conservés par l'art. 105. (Cass. 4 mars
1845, ch. cor., Dev. 45, 1-449.)

Quant au point de savoir si c'est à l'autorité judiciaire ou à l'autorité administrative qu'il appartient
de reconnaître et de caractériser un usage local
allégué par certains habitants et qui serait de nature
à modifier le mode de distribution consacré par l'art.
105, Cod. for., une assez grande divergence d'opinion s'est produite dans la doctrine et la jurisprudence. Le Conseil d'Etat et la Cour de Cassation
avaient d'abord reconnu la compétence de l'autorité
judiciaire. (V. Cass. 13 février 1844, Dev. 44, 1-240.
Ord. des 7 janvier 1837 et 14 juillet 1838, Dev. 39,
2-165; 19 décembre 1839, arrêts du Conseil p. 588;
30 mai 1844, Dev. 47, 1-623, en note, et Cass. 19
avril 1847, *idem*. Mais la doctrine contraire est ins-
crite dans deux arrêts du tribunal des conflits ; 5
décembre 1850, Dev. 51, 2-294; et du Conseil d'Etat,
3 mars 1853, Dev. 53, 2-725.)

Il en est de même des conditions d'aptitude exigées
pour prendre part à l'affouage, telles que la qualité
d'habitant, le domicile, etc. La jurisprudence qui
s'était d'abord prononcée en faveur de la compétence

de l'autorité administrative (Ord. 4 mai 1843, 7 décembre 1844, 30 mars et 18 novembre 1846 ; Dev.
43, 2-356 ; 45, 2-188 ; 46, 2-408 ; 47, 1-192 ,
semble reconnaître aujourd'hui la compétence de
l'autorité judiciaire. Cass. 14 juin 1847, Dev. 47,
1-826 ; tribunal des conflits, 10 avril 1850, Dev. 50,
2-487 ; 12 juin et 21 décembre 1850, Dev. 51,
2-292.)

Dans l'ancienne province du Dauphiné, un règlement général du 15 octobre 1731 (1), portait les
dispositions suivantes :

« Art. 10. Les coupes des bois taillis appartenant
aux communautés seront marquées et indiquées
comme les vendanges pour être commencées à jour
préfix, qui sera pris et indiqué par une délibération
de la communauté convoquée à cet effet.

» Art. 13. Après que les coupes auront été faites
par corvées, le bois sera mis en monceaux, pour en
être distribué à chaque habitant suivant le besoin
qu'il en peut avoir pour son chauffage sur la répartition qui en sera faite sans frais par les officiers de
la communauté, assistés de deux prudhommes et
experts nommés par icelles, et s'il y a de l'excédant
dans lesdits bois coupés, il sera vendu aux enchères
publiques au profit desdites communautés, pour être
les deniers remis aux consuls, qui seront tenus d'en

---

(1) Règlement général des commissaires du Roi, députés par
lettres-patentes du 14 novembre 1724 pour la réformation des eaux et
forêts de la province de Dauphiné. — Grenoble, Faure, 1732, in-12.

faire emploi aux plus pressantes affaires, et par préférence aux impositions courantes.

» Art. 14. Exceptons néanmoins de la disposition de l'article précédent, tous hôteliers, cabaretiers, aubergistes ou autres consommant des bois pour leur commerce, lesquels ne pourront être employés dans la répartition que comme un chef de famille ordinaire, sauf à eux à se pourvoir aux ventes pour l'excédant qui leur sera nécessaire. »

Depuis lors, la distribution de l'affouage a toujours eu lieu d'après le mode tracé dans le règlement de 1731, et deux circulaires du préfet de l'Isère en date des 14 décembre 1815 et 26 juillet 1825 ont réglé les détails de cette partie du service.

Une circulaire de M. le ministre de l'intérieur du 31 décembre 1836 a prescrit toutes les mesures nécessaires pour assurer le payement des taxes imposées sur la jouissance de l'affouage avant la délivrance des lots.

Enfin, une circulaire de M. le préfet de l'Isère du 18 mai 1845, est ainsi conçue :

« Les rôles d'affouage devraient être soumis à mon approbation, avant le 1er juin, afin d'en faire article de recette dans le budget communal; mais il n'est pas possible de dresser ce rôle avant la délivrance de la coupe. Aussitôt que cette délivrance sera faite, je vous autorise à réunir le conseil municipal pour lui proposer de nommer un entrepreneur responsable et désigner des commissaires pour vous assister dans la distribution de l'affouage et en dresser le rôle que vous arrêterez et que vous m'adresserez immédiatement pour être approuvé. C'est à vous, Messieurs, qu'il appartient de fixer le jour de l'ouverture de la coupe, après vous être concertés avec les agents forestiers auxquels vous devez faire agréer l'entrepreneur responsable que le conseil municipal aura choisi.

» L'époque de l'ouverture de la coupe doit être portée à la connaissance des habitants, par la voie ordinaire des publications, en ayant soin de les prévenir qu'ils doivent se rendre sur les lieux au jour fixé pour concourir à l'exploitation. Cette exploitation ne saurait être partielle, il faut qu'elle soit générale et entièrement terminée avant de procéder à l'enlèvement de la coupe; l'entrepreneur est tenu d'y assister et de la diviser suivant les instructions qui lui sont données par les agents forestiers.

» Dans presque toutes les communes, il est d'usage de distribuer les affouages dans la proportion du besoin des familles. L'art. 105 du Code forestier prescrit, s'il n'y a titre ou usage contraire, que le partage des bois se fera par feux. Il s'est élevé dans quelques communes des difficultés à cet égard. Cet article disposant que le partage des bois d'affouage se fera par feux, n'a pas interdit aux conseils municipaux d'avoir égard aux besoins plus ou moins grands des familles. Ainsi en admettant pour base de distribution les feux, on peut assigner à chaque chef de famille ou de maison une portion d'affouage proportionnée au nombre d'individus qui la composent.

Par exemple , une famille de quinze individus a
bien réellement plus de besoins que celle qui n'en
a que trois, ou qui souvent ne se compose que d'un
seul individu, qui se qualifie de chef de maison.

C'est pourquoi la loi du 18 juillet 1837 a laissé
aux conseils municipaux le soin de régler les affouages en se conformant aux lois forestières. Le conseil
municipal pourrait, dans sa délibération, indiquer
les portions de l'affouage, qui seraient assignées aux
familles ou chefs de maison, savoir : une portion
entière à celles composées de plus de six individus,
moitié à celles au dessous de quatre individus, et le
quart à celles composées de deux ou d'un seul seulement ; les commissaires nommés pour faire la distribution seraient tenus de se conformer à ce règlement. Ils appelleraient les habitants pour recevoir
et faire le transport de la portion de coupe qui
leur aurait été assignée , après avoir justifié à
l'entrepreneur du payement de la taxe , qui sera
réglée d'après cette distribution. Je vous invite ,
Messieurs, à vous conformer à ces instructions lorsqu'il sera question du partage des bois d'affouage.

> *Signé* PELLENC. »

Tels sont les principes généraux et les dispositions
spéciales relatives au mode de distribution de l'affouage. Il en résulte :

1° Que l'administration forestière délivre annuellement conformément aux lois forestières, les coupes

affouagères aux communes; qu'elle en surveille l'exploitation, mais qu'elle reste entièrement étrangère au mode de distribution de l'affouage entre les divers intéressés ;

2° Que le mode qui prend pour base les besoins des habitants est celui qui doit être adopté dans le département de l'Isère, soit comme le dit la circulaire du 18 mai 1845, que ce mode de distribution n'ait rien de contraire au partage par feu prescrit par la loi; soit même, ce que la circulaire aurait pu ajouter, que le règlement de 1731 établissant ce mode, constitue un titre et constate un usage suivi depuis lors, et dont le maintien a été expressément consacré par l'art. 105 du Code forestier;

3° Que le principe une fois admis, il est certain que les conseils municipaux ont le pouvoir de régler, sous l'autorité et le contrôle de l'administration supérieure, les divers détails de la jouissance de cette partie des biens communaux; dresser la liste des affouagistes; fixer la part contributive de chacun dans les frais d'exploitation, s'il y a lieu, nommer les commissaires, régler l'étendue des lots proportionnellement au nombre d'habitants, etc., etc. C'est ainsi que les choses se sont toujours passées dans le département de l'Isère, sans aucune opposition sérieuse fondée sur des titres ou usages contraires et sans que la juridiction administrative ou judiciaire ait été au cas de rendre, à ma connaissance, aucune décision sur ce point.

CHAPITRE III.

DES SERVITUDES.

SECTION 1re. — Des cours d'eau.

« Celui dont la propriété borde une eau courante, autre-
» que celle qui est déclarée dépendance du domaine public
» par l'art. 538 au titre de la distinction des biens, peut s'en
» servir à son passage pour l'irrigation de ses propriétés;
» Celui dont cette eau traverse l'héritage peut même en user
» dans l'intervalle qu'elle y parcourt, mais à la charge de la
» rendre, à la sortie de ses fonds, à son cours ordinaire.
» (Cod. Nap., art. 544.)

» S'il s'élève une contestation entre les propriétaires aux-
» quels ces eaux peuvent être utiles, les tribunaux en pro-
» nonçant doivent concilier l'intérêt de l'agriculture avec le
» respect dû à la propriété, et dans tous les cas les règle-
» ments particuliers et locaux sur le cours et l'usage des eaux
» doivent être observés. (*Idem*, art. 545.)

» Il sera pourvu au curage des canaux et rivières non navi-
» gables, et à l'entretien des digues et ouvrages d'art, qui y
» correspondent, de la manière prescrite par les anciens règle-
» ments ou d'après les usages locaux. (L. 14 floréal, an XI,
» art. 1er.) »

Les dispositions de l'art. 544, Cod. Nap., en ce
qui concerne l'usage des cours d'eau non dépendant
du domaine public, et qui peuvent être utilisés pour
le jeu des usines et l'irrigation des propriétés, doivent être complétées par la loi du 29 avril 1845, qui
a établi la servitude légale d'aqueduc ou de passage
en faveur des propriétaires séparés par d'autres héritages des eaux dont ils ont le droit de disposer,
par celle du 15 juillet 1847, qui établit une autre
servitude légale, complément de la première, le droit
d'appui sur la propriété du riverain, et par celle
du 15 juin 1854 sur le libre écoulement des eaux
provenant du drainage (1). Ce n'est pas sans raison
que le législateur a prévu les nombreuses difficultés
qui pourraient s'élever en cette matière, l'une des
plus importantes et des plus difficiles de notre Droit
civil, et qu'il a cru devoir renvoyer les magistrats

---

(1) L'origine de la servitude d'aqueduc, récemment importée
dans notre législation civile, appartient aux coutumes de l'Italie
supérieure, et cette servitude est réglée dans le Code Sarde, par
les articles 622, 627, 630, et dans le Code de Parme, par l'art. 57.
L'exercice du droit d'aqueduc avait été également introduit dans
les anciennes Constitutions de la Catalogne, dans la Provence, le
Comtat, la Corse, etc. (*Revue de Législation* 1845, t. 3, p. 10.)

chargés de les apprécier et de les résoudre, aux règlements particuliers, que la nature des lieux, l'intérêt public et les besoins des parties intéressées ont pu introduire.

Ces règlements particuliers et locaux comprennent :

1° Les articles des anciennes coutumes écrites (car la loi ne parle pas ici des usages), les ordonnances ou arrêts de règlement émanés des anciens parlements, les règlements généraux, connus sous le nom de règlement d'eau, que l'autorité administrative a le droit de faire dans la limite des attributions qui lui sont données par diverses lois spéciales. (LL. 22 décembre 1789, section 3, art. 2 et 12, 20 avril 1790, chap. 6 ; 28 septembre-6 octobre 1791, t. 2, articles 15 et 16; 14 floréal an XI et 16 septembre 1807.) Règlements qui sont tous obligatoires pour les riverains;

2° Les conventions particulières, partages, jugements, transactions, etc., intervenus entre les ayants droit, et obligatoires seulement pour les parties qui y ont figuré, leurs héritiers ou ayants cause.

Les cours d'eau sont naturels ou artificiels. C'est aux premiers seulement qu'il faut appliquer les règlements particuliers et locaux, dont parle l'art. 645 relativement à l'usage qu'on peut en avoir. Il ne faut pas perdre de vue d'ailleurs, que ces cours d'eau appartenaient, autrefois, aux seigneurs, qui ont pu valablement consentir des droits particuliers à certaines personnes, et que l'usage de ces eaux rendu aux riverains par le Code Napoléon n'a pas pu préjudicier à ces droits. (Arrêt de la Cour de Grenoble du 19 mai 1841. *Journal*, t. 10, p. 149.)

Quant aux cours d'eau artificiels, canaux de navigation, de flottage et d'arrosage, ils constituent une propriété particulière régie par les actes législatifs ou les contrats qui les ont établis.

Les règlements d'eau émanés de l'autorité publique, soit antérieurement au Code Napoléon, soit postérieurement à la promulgation de ce Code, n'existent pas dans le département de l'Isère. On cite cependant une ordonnance de l'intendant du Dauphiné, qui anciennement aurait réglementé les eaux de la Bourbre, dans le canton de la Tour-du-Pin.

Mais ce règlement, dont quelques anciens du pays ont conservé le souvenir, n'a pu être retrouvé, et il est du reste inutile de le rechercher et de le faire connaître, parce qu'il est tombé complétement en désuétude.

Mais au contraire les règlements particuliers dans un pays où l'usage des eaux est fort important, sont très-nombreux, et ils suffisent, concurremment avec quelques usages établis, à régir l'exercice des droits des riverains. Il ne peut entrer dans notre plan de rapporter ces règlements, qui sont produits par les intéressés en cas de contestation. On peut citer néanmoins entre autres les règlements des canaux d'arrosage de la Romanche, de la Gresse, de Vizille, de

Valbonnais, dans l'arrondissement de Grenoble. Il existe au Villard-Reculas un canal dont les eaux dérivées du lac Blanc sont conduites à travers les roches par des directions difficiles et combinées avec art, sur les prairies d'Huez, puis sur celles de Villard-Reculas, et vont se jeter dans la plaine par une cascade de 180 mètres de hauteur (1).

Dans le canton de Saint-Jean-de-Bournay, le chef-lieu et les communes de Châtonay et de Villeneuve ont des actes authentiques pour le règlement de leurs eaux.

A Bourgoin, un acte de 1601 règlemente les eaux du canal de Moudurier, dérivé de la Bourbre. Les eaux servent au jeu des usines pendant toute la semaine, et les propriétaires des prairies riveraines la prennent pendant vingt-quatre heures, depuis le dimanche matin jusqu'au lundi à pareille heure, du 25 mars jusqu'au 8 septembre. Le règlement répartit l'eau entre les divers intéressés pendant ces vingt-quatre heures.

Les eaux de la rivière d'Ague sont soumises à un règlement antérieur au Code pour l'irrigation des prairies de Nivolas, commune de Serezin, et celles de Rafieu, commune des Eparres.

Il est de règle que lorsque les cours d'eau servent tout à la fois à faire mouvoir des usines et à arroser des prairies, les usiniers se servent habituellement

---

(1) *Guide du voyageur dans l'Oisans*, par le docteur Roussillon, p. 111.

de l'eau, et les propriétaires la prennent pendant un espace de temps assez limité, et pendant une partie de l'année seulement. Toutefois, il a été jugé par arrêt de la Cour de Grenoble du 2 mars 1814 (*Journal de jurisprudence de la Cour*, t. 3, p. 231), que le droit d'arrosage stipulé dans un titre pour tel jour de la semaine peut être exercé dans toutes les saisons de l'année, sans pouvoir être restreint pendant la durée de l'hiver.

La rivière de Brion sur Bourgoin et quelques ruisseaux de moindre importance sont soumis à un usage particulier, d'après lequel le propriétaire de la prairie supérieure prend les eaux pour l'arrosage au préjudice du propriétaire inférieur, qui ne prend que celles qu'on lui laisse arriver. Cet état de choses a amené des difficultés, qu'on a vainement jusqu'ici tenté d'aplanir par un règlement définitif.

Il existe au Grand-Lemps une coutume assez bizarre. Chaque riverain prend les eaux pendant une heure déterminée, sans égard à l'étendue du terrain arrosable. Si le même propriétaire acquiert ensuite une prairie limitrophe, l'usage ne lui concède toujours qu'une heure de jouissance des eaux pour son irrigation. Si, au contraire, ce même propriétaire vend son fonds à quatre personnes différentes, chacun des acquéreurs peut user des eaux pendant une heure pour l'irrigation de son lot particulier.

M. Clausade cite un usage semblable dans le canton de Dourgne, département du Tarn, et il l'explique par cette circonstance que c'est celui qui peut le mieux convenir à la localité : l'eau est en petite quantité, il y a un grand nombre de prairies, et par là on utilise tous les moyens d'arrosage, parce que chacun agit avec zèle, et ne laisse en pré que les terrains qu'il peut cultiver avantageusement avec les eaux dont il peut profiter (1).

SECTION 2. — Curage des ruisseaux.

Il n'existe dans le département de l'Isère, en fait d'anciens règlements prévus par la loi du 14 floréal an xi, que l'art. 9 de l'ordonnance du Bureau des Finances de la Généralité du Dauphiné du 3 août 1775, contenant règlement sur le fait de la voirie (2).

Cet article porte : « Il est ordonné à tous par-
» ticuliers, propriétaires des fonds aboutissant aux-
» dits chemins de repurger chacun en droit soi, les
» fossés qui sont le long de leurs possessions et
» bordent lesdits chemins, et ce, tous les ans une
» fois, à commencer depuis le 1er novembre jus-
» qu'au 1er avril, passé lequel délai lesdits fossés
» seront repurgés aux frais desdits particuliers pro-
» priétaires suivant le bail à rabais, qui en sera
» passé aux formes ordinaires, à la diligence de l'en-
» trepreneur des grandes routes. »

(1) *Usages locaux et topographie légale* (dép. du Tarn), p. 44.
(2) V. l'édition imprimée par Allier; Grenoble, 1822.

Cet article n'est que la reproduction d'une disposition de l'ancien arrêt du Parlement du 23 mai
1605 (1), et ne s'applique régulièrement qu'aux
fossés qui bordent les chemins. Mais le principe
auquel il se réfère, emprunté au Droit romain et
passé sous l'ancien Droit français (2), est généralement observé dans le département, où le curage
des ruisseaux s'opère par les propriétaires riverains,
chacun pour ce qui le concerne et vis-à-vis sa propriété.

Dans quelques endroits, notamment dans le canton de Corps, le curage n'est pas nécessaire, parce
qu'il y a une grande pente, et que la force du courant suffit pour tenir à la même hauteur le lit des
ruisseaux.

Dans certains cantons, tels que ceux de Goncelin
(à l'exception toutefois de Pontcharra), Touvet,
Valbonnais, Tullins, les parties intéressées sont con-
voquées par l'administration locale, qui surveille ce
travail.

Enfin le canal de Corps, les cours d'eau des cantons de Sassenage, Voiron, Rives, et les cours d'eau
artificiels sont repurgés par les soins d'une commission syndicale, qui répartit ensuite la dépense
entre tous ceux qui doivent y contribuer. Ce mode
est le plus avantageux, surtout en présence du mau-

---

(1) V. cet arrêt dans Salv. de Boissieu, *de l'Usage des Fiefs*, t. 1,
p. 225 et suiv.
(2) V. Fournel, *Traité du voisinage*, v° *Curage*.

vais vouloir ou de la négligence de certains riverains qui n'exécutent pas très-exactement les règlements administratifs. Il faut suivre dans ce cas les prescriptions de la loi du 16 septembre 1807.

En 1838, et par les circulaires des 10 janvier, 18 mars et 10 avril (rapportées au recueil des actes administratifs de cette année), M. le Préfet de l'Isère, par suite d'une circulaire du Ministre de l'intérieur, avait demandé aux Maires un travail spécial sur les cours d'eau de leur commune, ainsi que les règlements et les dispositions locales qui en régissent l'usage, afin de pouvoir préparer un règlement général en conformité de la loi de l'an XI. Mais il paraît que ce travail n'a pas eu lieu ; car le règlement dont il s'agit n'a pas été publié, et, à son défaut, ce sont les règles ci-dessus qui doivent être observées.

Le décret du 30 mars 1852 sur la décentralisation administrative a simplifié la matière en conférant aux Préfets les droits que le Gouvernement s'était réservés de rendre des règlements d'administration publique pour le curage des ruisseaux. L'art. 4 de ce décret les autorise à statuer, sans l'autorisation du Ministre des travaux publics, mais sur l'avis ou sur la proposition des ingénieurs en chef ;.... 5° sur les dispositions à prendre pour assurer le curage et le bon entretien des cours d'eau non navigables ni flottables, de la manière prescrite par les anciens règlements ou d'après les usages locaux et sur la réunion, s'il y a lieu, des propriétaires intéressés en ssociations syndicales ; 6° sur la constitution en associations syndicales des propriétaires intéressés à l'exécution et à l'entretien de travaux d'endiguement contre la mer, les fleuves, rivières et torrents navigables ou non navigables, de canaux d'arrosage ou de travaux de desséchement, lorsque ces propriétaires sont d'accord pour l'exécution desdits travaux et la répartition des dépenses.

En conséquence et par sa circulaire du 22 décembre 1853 (Recueil des actes administratifs, n° 35), M. le Préfet de l'Isère invite les Maires à défaut d'anciens règlements ou de coutumes locales, à rendre eux-mêmes et à provoquer de la part de l'autorité préfectorale des arrêtés relatifs au curage des ruisseaux. Mais comme en procédant ainsi, la mesure n'atteint que les riverains immédiats, que le curage ne peut avoir lieu que de manière à rendre au cours d'eau sa largeur et sa profondeur primitives., et que les travaux sont rarement exécutés avec un ensemble et une méthode convenables, il invite les Maires à ne pas s'en tenir là, et à provoquer de plus l'élargissement et le redressement des cours d'eau, et pour cela de constituer les intéressés en association syndicale, le régime du syndicat ayant en définitive pour but et pour effet de faire supporter aux propriétaires, qui en font partie, les travaux et les dépenses de l'association dans l'exacte proportion de leurs intérêts respectifs.

Ainsi l'attribution nouvelle donnée aux Préfets n'a trait qu'au curage proprement dit des cours d'eau non navigables, et aux travaux d'endiguement et de desséchement entrepris avec le consentement de tous les intéressés (1).

Mais comme le simple curage est souvent insuffisant, qu'il importe souvent d'opérer des redressements, d'exécuter des travaux d'endiguement et de desséchement, qui embrassent une certaine étendue de terrain, et qui intéressent de nombreux propriétaires, dont il serait fort difficile et souvent impossible d'obtenir le consentement unanime, c'est alors l'administration supérieure et le pouvoir exécutif, qui peuvent donner aux associations syndicales une existence légale et des attributions régulières. C'est le cas qui se présente le plus fréquemment, et cette question des syndicats est assez importante, dans le département de l'Isère, pour motiver quelques développements.

Depuis longtemps on s'est préoccupé, en Dauphiné, des débordements des nombreux cours d'eau, qui sillonnent le pays, des ravages qu'ils pouvaient exercer, et de la nécessité de protéger par des travaux d'art les propriétés riveraines. D'après les lettres-patentes du 8 juillet 1768 : « Les villes, » bourgs et communes du Dauphiné, qui se trou-

(1) Il a même été décidé qu'en l'absence d'un règlement ou d'un usage local qui l'y autorise, le Préfet ne peut mettre à la charge des riverains les frais de curage d'un cours d'eau non navigable, sans les avoir préalablement mis en demeure de procéder eux-mêmes audit curage au droit de leur propriété. (Décision du Conseil d'Etat du 18 janvier 1851, Rec. de MM. Lebon et Gauti, année 1851, p. 17.)

» vaient sujets aux irruptions ou débordements des
» eaux devaient s'adresser à l'intendant de la Pro-
» vince, à l'effet de demander qu'il fût fait les ré-
» parations nécessaires à leur défense. Dans le cas
» où un certain nombre de particuliers seulement
» étaient intéressés aux travaux, ils étaient tenus de
» se syndiquer, de se soumettre tous en commun et
» solidairement au payement de la somme pour
» laquelle ils devaient contribuer, et même d'en
» effectuer le dépôt. Un ingénieur ou un homme de
» l'art était commis pour vérifier les points mena-
» cés, reconnaître le cours, le volume et l'effet des
» eaux, lever le plan des localités attaquées ou
» exposées : lorsque les opinions des habitants se
» trouvaient divisées sur l'emplacement ou la nature
» des ouvrages à faire, la question était décidée
» par l'intendant et sur l'avis des ingénieurs de la
» Province. Enfin, inhibition expresse était faite de
» proposer ou d'entreprendre aucune réparation,
» avant qu'il eût été vérifié si elle ne serait pas
» offensive ou inutile. » Les dépenses de digation,
indépendamment du cas prévu par les lettres-patentes,
étaient supportées tantôt par le Roi seul, comme
celles de la digue de la Cailletière sur les communes
du Fontanil et de Voreppe, tantôt par les communautés, comme celle établie contre le torrent de
Roize. Un arrêt du Conseil d'Etat du 2 juillet 1783
paraît introductif d'un droit nouveau en décidant,
relativement aux digues établies sur le territoire de
Saint-Egrève, que la dépense, au lieu de porter

sur tous les habitants, affecterait seulement le fonds protégé et serait répartie proportionnellement à la valeur de ce fonds et au danger qui les menaçait, système qui est devenu plus tard le principe général en cette matière.

Tel était l'ancien droit local au moment de la révolution de 1789. Une des premières pensées de l'Assemblée nationale, qui promulgua un si grand nombre de lois utiles, auxquelles il faut remonter pour saisir l'esprit, le point de départ et l'idée-mère de nos lois nouvelles, fut de remédier, dans le double intérêt de l'agriculture et de la salubrité publique, à la stagnation des eaux, signalée sur diverses parties du territoire comme une des causes les plus nuisibles à la santé des habitants, et comme enlevant à la culture de vastes terrains improductifs. Cette pensée qui s'était révélée d'abord dans les décrets des 1er et 14 juin 1790, sur les desséchements, se reproduisit ensuite dans le décret en forme d'instruction du 12 août 1790, dans lequel l'Assemblée nationale déterminant les fonctions des assemblées administratives les chargea spécialement : « De rechercher et indiquer les moyens de » prévenir le libre cours des eaux et de diriger, au- » tant que possible, les eaux de leur territoire vers » un but d'utilité générale, d'après les principes de » l'irrigation. »

Ce décret fut suivi de plusieurs autres, et on peut citer notamment ceux des 26 décembre 1790, 19 septembre 1792, 14 frimaire et 13 messidor an

ii, 9 germinal an iii, 13 messidor an iii, sur le desséchement des marais, 12 août 1791 sur le règlement des eaux, 28 septembre 1791 sur la propriété
et l'emploi des eaux, 6 octobre 1791 sur la police
rurale, titre 1ᵉʳ, section 1ʳᵉ, article 4 et titre 2,
articles 15 et 16, et 19 ventôse an vi, contenant des
mesures pour assurer le libre cours des rivières et
canaux. Toutes ces dispositions législatives sont venues se résumer dans la loi du 14 floréal an xi, relative au curage des ruisseaux et rivières non navigables et à l'entretien des digues, qui y correspondent, et dans celle du 16 septembre 1807, relative
au desséchement des marais.

La première de ces lois renvoie aux anciens règlements et aux usages locaux, et dispose que lorsque
l'application des règlements et l'exécution du mode
consacré par l'usage éprouve des difficultés, ou
lorsque des changements survenus exigent des dispositions nouvelles, il y sera pourvu par le Gouvernement, dans un règlement d'administration
publique, rendu sur la proposition du Préfet du
département, de manière que la quotité de la contribution de chaque imposé soit toujours relative
au degré d'intérêt qu'il aura aux travaux qui devront s'exécuter; le rôle de répartition des sommes
nécessaires au payement des travaux d'entretien,
réparation ou reconstruction devant être dressé
sous la surveillance du Préfet, rendu exécutoire
par lui et recouvré de la même manière que celui
des impositions publiques.

La seconde loi règle dans six titres tout ce qui concerne le desséchement des marais proprement dits, desséchement qui doit être exécuté par l'Etat, ou par les concessionnaires qu'il désigne ; elle détermine le mode de concession, les indemnités dues aux concessionnaires, et qui doivent être prises sur le produit du desséchement, etc. Mais lorsqu'il s'agit simplement, pour empêcher les infiltrations nuisibles, les débordements et le changement du cours de la rivière, de faire des constructions, digues ou chaussées, ou d'opérer des redressements qui facilitent l'écoulement des eaux, les articles 33 et 34 insérés dans le titre 7 relatif aux digues et aux travaux de salubrité dans les communes, y pourvoient de la manière suivante :

« Lorsqu'il s'agira de construire des digues à la
» mer ou contre les fleuves, rivières et torrents na-
» vigables ou non navigables, la nécessité en sera
» constatée par le Gouvernement, et la dépense
» supportée par les propriétés protégées, dans la
» proportion de leur intérêt aux travaux, sauf le
» cas où le Gouvernement croirait utile et juste
» d'accorder des secours sur les fonds publics.

» Les formes précédemment établies, et l'inter-
» vention des commissions seront appliquées à l'exé-
» cution du précédent article..... »

C'est dans la combinaison de ces divers textes, qu'on a trouvé le droit pour le Gouvernement, après avoir constaté la nécessité de travaux d'endiguement et d'assainissement, et du desséchement des terrains exposés aux irruptions, infiltrations ou débordements de cours d'eau non navigables, et après avoir approuvé les plans et devis des travaux, de constituer les intéressés en association syndicale avec mission de surveiller les travaux et de répartir la dépense. Ainsi ont été rendues, à une époque voisine de la loi de 1807, les décrets et ordonnances des 29 août 1809, 15 février 1811, 27 décembre 1812, 21 février 1814, portant constitution de syndicats pour le desséchement des marais de Beaucaire (Gard), de St-Simon (Gironde), de l'Authie (Pas-de-Calais), de Parempuyre, et les décrets des 4 juillet 1813 portant création d'une commission des eaux non navigables ni flottables dans le département du Pô, et 6 juillet de la même année portant règlement sur l'administration des travaux des cours d'eau non navigables ni flottables dans le département de la Méditerranée; l'ordonnance royale du 23 décembre 1816 portant règlement pour l'entretien des digues de St-Vaast et de Réville (Manche); et enfin celle du 4 août 1819 pour l'entretien et la conservation des digues de la rive droite du Drac. Tous ces décrets et ordonnances sont basés sur la loi de floréal an xi et l'art. 33 de la loi du 16 septembre 1807.

En ce qui concerne le département de l'Isère, les associations syndicales, qui existaient à cette dernière époque ou qui s'étaient constituées depuis, à l'imitation de celle du Drac, avaient négligé de remplir les formalités voulues par la loi, et les mesures qu'elles prenaient, manquant de la sanction légale, ne pouvaient avoir qu'un caractère provisoire. Aussi dans une instruction remarquable du 10 mai 1829, M. le baron Finot, préfet de l'Isère, voulut mettre un terme à cet état de choses; il recueillit dans les lois des 14 floréal an xi et 16 septembre 1807, tout ce qui est relatif aux digues des rivières et torrents, en rangea les dispositions dans l'ordre naturel des opérations, et indiqua aux propriétaires intéressés la marche à suivre pour former une association, et obtenir une juste et légale répartition des charges auxquelles ils devaient concourir.

Depuis lors, de nombreuses associations syndicales se sont formées, et leurs travaux ont rendu les plus grands services au pays, soit en protégeant contre les débordements des torrents et rivières, les terrains cultivés, soit en rendant à la culture des espaces considérables jusque-là improductifs ou très-peu productifs. C'est toujours sur la loi de floréal an xi et sur l'art. 33 de la loi du 16 septembre 1807 qu'ont été rendues les ordonnances ou décrets, qui ont constitué légalement ces associations syndicales, et qui existent en très-grand nombre dans le département. Pour ne citer que les plus récentes, on peut consulter 1° le décret du 25 septembre 1848, qui réunit en association syndicale les propriétaires intéressés au desséchement et à l'assainissement de la plaine située sur la rive gauche de l'Isère, dans les communes de Villard-Bonnot, le Versoud, Domène, Murianette et Gières; 2° le décret du 12 février 1851

portant constitution du syndicat du bassin inférieur
du Graisivaudan pour l'endiguement des deux rives
de l'Isère et l'établissement de canaux d'assainissement; 3° enfin, le décret du 11 février 1854, qui
réunit en un seul syndicat les propriétaires intéressés à l'endiguement de l'Isère, ainsi qu'à l'établissement et à l'entretien de canaux d'assainissement.
Les diverses portions de territoire, que ces associations ont reçu pour mission de protéger contre les eaux, n'étaient pas submergées et à l'état
de marais proprement dit, mais sujettes à des infiltrations ou bien à la stagnation des eaux de pluie
et de source, par suite du relief de précédents en-
diguements, qui ne permettait pas leur prompt écoulement. Il semblait dès lors qu'en présence des dispositions formelles de la loi, de l'interprétation qui
lui avait été donnée depuis si longtemps, l'administration supérieure ne pouvait, dans des cas ana-
logues, abandonner le système qu'elle avait suivi
jusqu'alors, et qui avait produit de si heureux résultats pour le département.

Cependant le Gouvernement semblerait manifester aujourd'hui une tendance à modifier ce système,
et à propos de l'assainissement de la plaine située le
long de la rive gauche de l'Isère et du Drac, aux
abords de l'embouchure du Furon, et de l'organisation en syndicat des intéressés à l'exécution des
travaux, le Conseil général des ponts et chaussées,
et M. le Ministre des travaux publics ont pensé que
les travaux de curage et d'endiguement paraissaient

être accessoires dans l'espèce; qu'il s'agissait en réalité d'un véritable desséchement, auquel on ne devait appliquer ni la loi du 14 floréal an xi, ni l'art. 33 de la loi du 16 septembre 1807, et qui devait s'exécuter conformément aux titres 1, 2, 3, 4, 5 et 10 de cette dernière loi. Or, la plaine, dont on voulait procurer l'assainissement et qui est située dans les communes de Fontaine et de Sassenage, se trouve dans des conditions pareilles à celles de la plaine de Villard-Bonnot, et on ne voit pas la raison de la différence qui pourrait exister entre les décisions les concernant.

Dans la prévision des inconvénients graves qui résulteraient pour le département, de cette jurisprudence, si elle était définitivement adoptée, M. le Préfet de l'Isère et successivement le Conseil général ont émis les vœux les plus pressants pour qu'elle fût modifiée, et ont cru pouvoir en appeler avec confiance à l'administration supérieure mieux éclairée. Il est difficile que M. le Ministre des travaux publics ne soit pas frappé des raisons déterminantes qui lui ont été soumises, et qui sont développées avec soin, dans l'exposé de M. le Préfet et le rapport de M. Reynaud au Conseil général (1).

On me pardonnera de m'être un peu étendu sur cette question, qui présente le plus grand intérêt pour le département de l'Isère. Elle se rattache

---

(1) Voir le procès-verbal des délib. du cons. gén. du dép. de l'Isère, sess. de 1854, p. 17 et 310.

d'ailleurs à la loi de floréal an xi, qui fait l'objet de cette section, et à laquelle je reviens pour terminer ce qui me reste à dire sur ce point. En renvoyant aux règlements locaux, cette loi a laissé subsister le principe de l'association syndicale écrit dans le règlement de 1768, et sanctionné depuis par l'usage administratif maintenu dans la constitution de toutes les associations de cette espèce. Il ne faut pas perdre de vue non plus que le principe important, l'idée fondamentale en cette matière, est l'obligation imposée à l'administration de procurer le libre écoulement des eaux dans l'intérêt de la salubrité publique et de l'agriculture. Or, si le système de desséchement par voie de concession est admis, l'État ne peut pas évidemment s'en charger, puisqu'il ne s'agit que d'un intérêt restreint eu égard aux intérêts généraux dont il a à s'occuper. Quant aux concessionnaires il ne s'en présentera pas, parce que les indemnités à payer seraient hors de proportion avec le résultat obtenu, et qu'il faudrait d'ailleurs un grand nombre de compagnies concessionnaires pour satisfaire à tous les travaux particuliers d'assainissement. Enfin, l'expérience qui a été faite dans le département de l'Isère, des entreprises de desséchement par voie de concession a été trop funeste dans ses résultats et ses conséquences, pour qu'on songe à y recourir de nouveau dans ce département. L'administration se trouverait donc dans l'impossibilité de remplir l'obligation qui lui est imposée, et elle resterait désarmée et impuissante en

présence d'un état de choses qui appelle toute sa
sollicitude, et alors qu'un système suivi depuis longtemps et qui n'a produit que des avantages, lui
donne les moyens de lever toutes les difficultés.
Et d'ailleurs, la justice et l'équité ne demandent-
elles pas impérieusement que sous l'empire des
mêmes dispositions législatives, telle partie du territoire, qui a déjà obtenu son syndicat, ne soit pas fa-
vorisée aux dépens de telle autre partie, qui n'a pas
encore pris de mesures conservatrices, et qui n'a
dû songer à le faire qu'en présence de travaux supérieurs, qui ont modifié sa condition première.
C'est en vain qu'on voudrait renvoyer les intéressés
aux lois sur les irrigations et le drainage. Les mesures que facilitent ces deux lois ne peuvent être
prises exceptionnellement que par quelques propriétaires. Elles ne peuvent convenir aux travaux
d'assainissement d'une certaine étendue du territoire,
qui exigent un ensemble indispensable dans leur
exécution, et une grande économie relative dans la
dépense. L'irrigation et le drainage ne seraient donc
qu'un palliatif tout à fait impuissant pour protéger
efficacement le périmètre des terrains exposés au
refoulement des eaux de certaines rivières, et il ne
faut chercher les moyens de salut que dans le système suivi jusqu'à ce jour et qu'il importe de maintenir avec soin.

SECTION 3. — Du bornage.

« Tout propriétaire peut obliger son voisin au bornage de
» leurs propriétés contigues. Ce bornage se fait à frais com-
» muns. (Cod. Nap., art. 646.)

L'usage des lieux est utile à consulter en matière
de bornage, pour savoir à quels signes on peut
reconnaître les bornes anciennes, et quel est le mode
de bornage qui doit être employé en cas de contestation entre les propriétaires voisins. Car il est évident que l'on doit suivre le mode usité dans le pays,
et que l'un des propriétaires ne peut soumettre
l'autre à un bornage dispendieux, si l'usage des lieux
en indique un plus économique.

Le mode de bornage varie suivant qu'il s'agit de
terres labourables, vignes, prairies, etc., ou de
bois, ou de fonds situés sur des montagnes.

Dans le premier cas, on emploie des pierres taillées
ou le plus souvent brutes, de forme allongée, en-
foncées profondément dans la terre, l'extrémité
dépassant seulement de huit ou dix centimètres. On
place dessous quelques débris de briques ou de
tuiles, ou de charbon de bois. On y ajoute des briques ou cailloux cassés de manière à ce que les
morceaux puissent se rejoindre, et indiquer qu'ils
ont appartenu à un même ensemble. Ces morceaux
de briques ou cailloux sont placés aux côtés de la

6

borne; on les nomme *témoins*, et dans l'Isère *gardes* ou *garants*. Ils indiquent la ligne séparative des héritages, et servent à faire reconnaître les bornes. François Marc, avocat au Conseil Delphinal au xvie siècle, décide même que la présence des gardes ou garants est indispensable pour caractériser la borne, et cet avis paraît avoir été la règle suivie anciennement en Dauphiné. L'usage était aussi dans cette province de placer les gardes aux côtés opposés à ceux où aboutissent les lignes de séparation. Mais depuis plus d'un demi-siècle, on les place du côté de la limite où ces lignes viennent aboutir. Cet usage beaucoup plus rationnel s'est maintenu, et il est exactement suivi maintenant.

Pour délimiter les bois, on a longtemps employé des arbres taillés en piquet, à un mètre ou deux du sol, qui grossissent à leur extrémité supérieure, et forment ainsi des souches appelées *Pellières*, *Chante-Merles* ou *pieds Corniers*. Mais l'usage de ce mode de bornage se perd insensiblement par suite de la facilité avec laquelle on peut couper ces arbres, et il est remplacé par les bornes en pierre; et comme en général les lignes séparatives des bois et forêts sont d'une assez grande longueur, et que les extrémités par suite des accidents de terrain ne sont pas toujours visibles en même temps, on laisse quelquefois, en coupant les bois, quelques branches placées sur la ligne séparative, et qu'on nomme *guidons* ou *supons*.

Sur les montagnes on grave des croix limitatives

sur les rochers ou de très-gros blocs adhérents au sol. Les propriétés des anciens Chartreux, qui étaient très-considérables, étaient ainsi bornées par des croix surmontant un globe, marque particulière des Chartreux, qu'on retrouve encore en plusieurs endroits.

Les murailles, haies vives, fossés, rangées de treillages, servent aussi de limites principalement pour les enclos et propriétés attenant aux habitations. Quand les haies, arbres, treillages, servent de limites et sont par conséquent mitoyens, ils sont coupés et émondés par chacun des propriétaires et par moitié; cette règle est tellement dans la nature des choses, qu'on la retrouve dans le Katyayana, recueil des lois Hindoues, où elle est exprimée en ces termes : les fruits, les fleurs et autres produits des arbres, qui se trouvent au milieu des limites, appartiendront aux propriétaires des terres voisines (1).

Il arrive souvent qu'à l'extrémité des propriétés qu'il s'agit de borner se trouvent des élévations, des escarpements ou des pentes résultant de l'inégalité du terrain, et de la différence de niveau du sol, et qui sont connues sous les noms divers de rideau, tertre ou terme, lisière, etc.

La dénomination locale de cette langue de terre

---

(1) V. Concord. des lois Hindoues avec le Code civil français, disc. de M. Gibelin, procureur général à Pondichéry, *Revue de légis.* 1844, t. 2, p. 52.

escarpée ou en pente qui se trouve entre deux héritages voisins est *l'abroupt* ou *la broue* (1).

Diverses coutumes attribuaient le rideau ou lisière au propriétaire supérieur; d'autres en plus grand nombre donnaient la propriété du rideau au fonds inférieur, sauf une largeur de deux pieds, connue sous le nom de *Jambes pendantes* et destinée à prévenir les éboulements (2).

En Dauphiné, *la broue* appartenait au propriétaire supérieur et on en donne cette raison, que le propriétaire inférieur pouvant labourer le tertre s'il en était propriétaire, déterminerait peu à peu des éboulements successifs, qui accroîtraient son fonds au détriment du fonds supérieur. Il doit en être ainsi surtout quand *la broue* est formée par un bourrelet de terre établi par le propriétaire supérieur pour prévenir l'aberage des terres, c'est-à-dire l'entrainement des terres par suite du labourage ou de tout autre cause, du fonds supérieur dans le

---

(1) La broue dans son sens naturel désigne la petite douve que laisse le sillon de la charrue à l'endroit où l'on cesse de labourer. Ce mot peut venir de *labrum* (lèvre), parce que cette douve est l'une des lèvres du sillon ; ou d'*abruptum*, parce que cette lèvre de terre forme un talus ; de *broue*, *broussailles,* parce que ce talus restant inculte se couvre de ronces et d'épines ; de *labour*, *labourage,* enfin, parce que ce même talus est formé par le labourage du champ. Ce talus appelé *la broue* dans divers endroits est nommé la *morena* (de *morare*) dans d'autres. Dans les environs de Grenoble on se sert généralement du mot *Douve*.

(2) Fournel, *Voisinage*, v° Rideau, et Pardessus, *Serv.*, 1. p. 306.

fonds inférieur. L'aberée (de *ab arare*), s'entend de la terre ainsi entraînée, et qui d'après l'usage appartient au propriétaire inférieur, sans que le propriétaire supérieur puisse aller le reprendre dans le champ du voisin, même lorsqu'il existe un chemin entre deux. On dit d'une terre placée ainsi de manière à profiter de l'entraînement des terres supérieures, qu'elle a un *bon aberage* (1).

SECTION 4. — Des murs de clôture.

« Chacun peut contraindre son voisin dans les villes et faubourgs à contribuer aux constructions et réparations de la clôture faisant séparation de leurs maisons, cours et jardins, assis ès dites villes et faubourgs. La hauteur de la clôture sera fixée suivant les règlements particuliers ou les usages constants et reconnus; et, à défaut d'usages et de règlements, tout mur de séparation entre voisins, qui sera construit ou rétabli à l'avenir, doit avoir au moins 32 décimètres (dix pieds) de hauteur, compris le chaperon, dans les villes de 50,000 âmes et au-dessus; et 24 décimètres (huit pieds), dans les autres. (Code Napoléon, art. 663.) »

Il n'existe dans le département de l'Isère aucun règlement ni usage constant et reconnu fixant la

---

(1) Le mot *aberée* est aussi employé pour désigner la terre que le propriétaire remonte du pied à la tête de son champ. On dit *aberer un champ*, *faire une bonne aberée*. Aux environs de Grenoble on emploie de préférence le mot *chaussée* : faire une *bonne chaussée*, *chausser un champ*, *une vigne*.

hauteur des murs de clôture dans les villes et faubourgs, et les prescriptions de la loi doivent être
observées entre voisins, en cas de difficulté.

Il y a lieu seulement de rechercher d'après le texte
et l'esprit de la loi, ce qu'on doit entendre par ville,
et dans quels cas la clôture est obligatoire.

L'art. 663 peut se compléter par l'art. 974 qui
parle des campagnes, où il suffit que le testament
public soit signé par deux témoins. Mais la loi, qui
emploie alternativement ces mots de ville et de
campagne, ne les définit nulle part, et laisse ainsi
le champ libre à l'interprétation. On est généralement d'accord que dans les hypothèses prévues par
ces deux articles, la question de savoir si un lieu
quelconque doit être réputé ville ou campagne est
abandonnée, comme question de fait, au pouvoir
discrétionnaire des juges. Aussi est-il assez difficile
de tracer des règles générales, qui puissent s'appliquer exactement à tous les cas particuliers soumis
aux tribunaux. Il paraît résulter de l'esprit de la loi
que le mot campagne doit être entendu avec une
certaine restriction, aujourd'hui surtout que l'instruction primaire a fait partout des progrès notables, et qu'il n'est pas très-difficile de trouver des
personnes sachant au moins signer leur nom; que le
mot ville au contraire doit être pris dans un sens
extensif, parce que la disposition de l'art. 663 est
fondée sur des motifs de sécurité publique, qui
doivent faire admettre le plus possible, l'obligation
de la clôture entre voisins. La Cour de Grenoble n'a

eu à s'occuper que de l'interprétation de l'art. 974, et encore pour des communes qui n'étaient pas situées dans le département de l'Isère. Par un premier arrêt du 22 mars 1832, *Journal de jurisp. de la Cour*, tome 6, p. 64, la Cour sans admettre le principe que tout ce qui n'est pas ville doit être réputé campagne a décidé que le village de Laragne, arrondissement de Gap, quoique chef-lieu de justice de paix et siége d'une cure, ne pouvait être considéré comme bourg, puisqu'il n'est pas entouré de murs, qu'il n'y a ni marché ni bureau de poste, et que d'ailleurs sa population est peu importante. Par un second arrêt du 7 juillet 1838, *Journal de jurisp. de la Cour*, t. 9, p. 74, la Cour a considéré comme campagne dans le sens de l'art. 974 la commune d'Anneyron (Drôme), dont la population agglomérée ne s'élève qu'à 900 habitants, tous cultivateurs ou artisans.

La population doit, ce semble, être en cette matière la base principale d'appréciation. Les institutions et établissements publics, dont l'existence ou la non existence servent souvent d'élément de décision aux tribunaux n'en sont ordinairement que la conséquence. La loi elle-même paraît d'ailleurs indiquer cette base, en l'employant dans l'art. 663 pour fixer la hauteur des murs de clôture, suivant que la ville est plus ou moins peuplée.

En suivant cette idée, il semble naturel de prendre pour base d'appréciation lorsqu'il s'agit de décider si une localité peut être mise au rang des villes, le chiffre de 1500 âmes de population agglomérée, avec d'autant plus de raison que les tableaux quinquennaux de la population donnent exactement le chiffre officiel du nombre d'habitants pour les communes, qui doivent être classées dans cette catégorie.

Le dernier tableau annexé au décret du 10 mai 1852 indique comme ayant une population agglomérée de 1500 âmes et au-dessus, dans le département de l'Isère, savoir : dans l'arrondissement de Grenoble : Allevard, 1509; Bourg-d'Oisans, 1541 ; Chapareillan, 1887; Grenoble, 24,964; Mens, 1655; Miribel-les-Echelles, 1901; la Mure, 3,495; Pontcharra, 1927; Theys, 1744; Vif, 1813; Villard-de-Lans, 1577; Vizille, 2,924; Voiron, 6,843; Voreppe, 2,004.

Dans l'arrondissement de Vienne : Beaurepaire, 1613; Châtonnay, 1972; la Côte-Saint-André, 3,103; Saint-Georges-d'Espéranche, 1669 ; Saint-Jean-de-Bournay, 1605; Saint-Priest, 1607; Septême, 1746; Venissieux, 1978; Vienne, 15,434; Villeurbanne, 2,890.

Dans l'arrondissement de la Tour-du-Pin : les Avenières, 3,017; Bourgoin, 4,213; Châbons, 1878; le Grand-Lemps, 1666; Jallieu, 2,128; le Pont-de-Beauvoisin, 2,124; Saint-Chef, 1995; Saint-Geoire, 3,147; Saint-Savin, 1505; la Tour-du-Pin, 1988.

Dans l'arrondissement de Saint-Marcellin : Chatte, 1888; Moirans, 1980; Rives, 1848; Roybon, 1735; Saint-Marcellin, 2,914; Saint-Siméon-de-Bressieux, 1672; Tullins, 3,829; Vinay, 2,529.

SECTION 5. — Des maisons appartenant à plusieurs propriétaires.

« Lorsque les différents étages d'une maison appartiennent
» à divers propriétaires, si les titres de propriété ne règlent
» pas le mode de réparations et reconstructions, elles doivent
» être faites ainsi qu'il suit : les gros murs et les toits sont à
» la charge de tous les propriétaires, chacun en proportion
» de la valeur de l'étage qui lui appartient. Le propriétaire
» de chaque étage fait le plancher sur lequel il marche. Le
» propriétaire du premier étage fait l'escalier qui y conduit;
» le propriétaire du second étage fait à partir du premier,
» l'escalier qui conduit chez lui, et ainsi de suite. (Code
» Napoléon, art. 664.) »

Cet article prévoit un cas, qui se rencontre fréquemment à Grenoble, où la propriété bâtie est ex-
cessivement morcelée et divisée, et où l'on voit habituellement un grand nombre d'habitants propriétaires, je ne dis pas seulement d'un étage de maison, mais d'une portion d'étage, d'un appartement,
d'un magasin, et même d'une chambre seulement.

Cette extrême division de la propriété, qui s'est
produite de bonne heure en Dauphiné, a contribué
puissamment à développer les idées de sage indé-
pendance, dont cette province a donné une des premières le signal à la fin du dernier siècle (1). Elle

(1) Michelet, *Hist. de France*, t. 2, p. 75.

peut être attribuée à l'influence du contrat d'albergement très-usité en Dauphiné. Comme nous aurons occasion de le signaler plus loin, ce contrat, qui permettait à tous les citoyens de participer moyennant une faible redevance à tous les avantages de la possession du sol, favorisa singulièrement l'amour de la propriété, qui est le but des aspirations incessantes de la classe moyenne. En ce qui concerne plus particulièrement la division des propriétés bâties dans la ville de Grenoble, on peut en trouver une cause plus prochaine dans la circonstance que l'enceinte de murailles dans laquelle cette ville a été resserrée, ne permettant pas aux habitants, au fur et à mesure de l'accroissement successif de la population, de s'étendre suivant leurs besoins, et de satisfaire leur amour de la propriété en construisant des maisons particulières, force leur a été de se diviser entre eux les agglomérations de bâtiments que la nécessité faisait entreprendre.

Les règles générales tracées par l'article 664 ont donc une grande importance dans le département de l'Isère, au moins pour le chef-lieu ; mais on comprend qu'elles doivent être insuffisantes dans la pratique, et que l'usage et la jurisprudence locale ont dû nécessairement les développer et les compléter, suivant les cas. Quoique la loi ne renvoie pas, en cette matière, d'une manière expresse aux usages locaux, ils peuvent être consultés, sinon comme dispositions légales, au moins comme documents importants et comme une espèce de contrat tacite

existant entre les divers propriétaires d'une maison.
C'est l'opinion de Pardessus, *Traité des servit.*, t. 1,
n° 193.

Il n'est pas inutile, d'abord, de rechercher le véritable caractère de ce droit de propriété s'exerçant
sur les diverses parties d'une seule maison. Chacun
étant propriétaire de parts et portions distinctes et
parfaitement déterminées, il n'y a pas là, à proprement parler, de copropriété commune, ni ce droit
de communion, qui donne au communiste un droit
sur la chose entière et sur chaque partie de cette
chose. Même sur les portions de la maison, dont
l'usage est à tous les propriétaires, telles que la
porte d'entrée, l'allée, l'escalier, les cours, etc., le
droit de chacun n'est pas égal, comme il le serait, si
la chose était commune, mais proportionné à la
jouissance, et il arrive même assez souvent que les
titres confèrent la propriété exclusive de ces objets
à un seul des propriétaires, sauf les droits de servitude de passage ou autres accordés aux autres
propriétaires pour l'exercice de leurs droits. La propriété étant divisée et déterminée, il s'ensuit que le
propriétaire d'un étage est également propriétaire
de la portion des gros murs, qui clot son étage,
avec la servitude active d'appui sur la portion des
murs immédiatement au-dessous, et une servitude
passive de même espèce en faveur de l'étage supérieur. Il est encore de la nature des choses que les
objets, dont l'usage est à tous les propriétaires, ne
puissent, en l'absence de titres qui en attribuent

la propriété exclusive à l'un d'eux, être divisés ou licités au préjudice de l'un ou de quelques-uns des ayants droit. Les propriétaires des divers étages d'une maison sont donc, dans leurs rapports entre eux, des propriétaires dont le droit s'exerce privativement sur des objets distincts et séparés, et simultanément sur des objets communs, et qui sont soumis réciproquement à différentes espèces de servitudes nécessaires à l'exercice de leurs droits de propriété.

Ces principes posés, on peut en tirer plusieurs conséquences pour les divers cas qui se rencontrent le plus ordinairement :

1° Le propriétaire de chaque étage peut faire, soit intérieurement, soit même extérieurement, des innovations, à la condition toutefois qu'il n'en résultera ni dommage ni danger pour les propriétaires des autres étages de la maison. (Arrêt de la Cour de Grenoble du 15 juin 1832. *Journal de la Cour*, t. 6, p. 269. Devill. 33, 2, 208.)

Ainsi, le propriétaire du rez-de-chaussée pourra y construire une forge, quelle que soit l'incommodité qui en résulte pour les propriétaires des étages supérieurs, si d'ailleurs la forge ne nuit pas à la solidité de la maison et n'est pas susceptible de causer d'autres dommages. (Arrêt de la Cour de Grenoble, 17 mars 1813. Villars, p. 629.) Il pourra aussi convertir de simples ouvertures en arcs de magasin, remplacer même, pour donner plus de largeur à ces arcs, les piliers en pierre par des colonnes de fonte, qui occupent beaucoup moins de place, et établir un auvent au-dessus de ces ouvertures, ainsi que l'a jugé la Cour de Nîmes, le 3 décembre 1839. (Devill. 40, 2, 535.) Mais l'enseigne placée au-dessus d'un magasin ne peut empiéter sur la portion du mur du premier étage ni dépasser la limite du plancher supérieur. (Jugem. du Trib. de Grenoble, du 6 février 1840, 2e ch., aff. Dherbey, contre les mariés Gayet.)

Le propriétaire de l'étage supérieur a le droit de faire construire un nouvel étage au-dessus, dans le cas où il n'y aurait aucune surcharge dommageable, et où l'exhaussement n'apporterait aucun préjudice aux intérêts des propriétaires inférieurs. (Arrêts de la Cour de Grenoble des 27 novembre 1821, 12 août 1828. Sirey, 30, 2, 35; 15 mars 1832; Sirey, 33, 2, 208; Paris, 17 mars 1838. Sirey, 38, 2, 479; Rouen, 22 mai 1840. Devill. 40, 2, 517.)

Mais il ne faudrait pas aller, je crois, jusqu'à décider avec la Cour de Nîmes (Arrêt du 4 février 1840. Devill. 40, 2, 505.) que si les murs sont trop faibles pour supporter les constructions projetées, chacun des propriétaires inférieurs doit concourir pour sa part proportionnelle à la reconstruction. Ce serait sacrifier les droits de ces derniers à la volonté du propriétaire supérieur; celui-ci ne pourrait puiser son droit que dans un état de choses qui rendrait la construction nécessaire pour la jouissance de sa propriété, et non pas seulement dans la circonstance que cette construction serait utile ou avantageuse. Pourvu que cette jouissance lui soit assurée, conformément à son titre et à la condition primitive de l'immeuble divisé, il ne peut rien prétendre au delà, et il ne saurait faire supporter à ses copropriétaires un préjudice évident dans son seul intérêt. Aussi, est-ce avec raison que l'arrêt ci-dessus a été critiqué par M. Devilleneuve dans une note qui l'accompagne.

2° Quant aux réparations à faire aux objets dont l'usage est à tous, il faut décider, conformément à l'article 664, qu'en l'absence de stipulations contraires, elles doivent être supportées par tous les intéressés, dans la proportion de leur jouissance. Mais les termes de l'article 664 ne sont pas limitatifs (Pardessus, *Servit.*, t. 1, n° 193.) et il faut y comprendre tout ce qui concerne la consistance et la solidité de la maison, sa salubrité et sa propreté, et notamment les portes d'entrée, d'allée, les fosses d'aisances, les puits et citernes, les canaux, tuyaux de descente des eaux pluviales et ménagères et de latrines. Le nouveau Code civil de Sardaigne, promulgué en 1837, qui, dans son article 584 reproduit, en les complétant, les dispositions de l'article 664 du Code Napoléon, y comprend nominativement la plupart des objets ci-dessus spécifiés.

Le principe d'après lequel il s'agit moins d'une communion de propriété, qui donne à chacun des communistes une portion égale de la chose commune que d'une servitude d'indivision, qui ne peut être aggravée et doit soumettre celui qui en use à contribuer aux frais de réparation et d'entretien en proportion de sa jouissance, explique suffisamment la

disposition du Code, en vertu de laquelle la charge
doit être supportée par tous les propriétaires en proportion de la valeur de l'étage qui leur appartient.
C'est en vertu du même principe qu'une ordonnance
du Conseil d'Etat, du 10 février 1835, décide que la
contribution des portes cochères d'un usage commun à plusieurs propriétaires doit être répartie entre les divers propriétaires qui y ont droit, en prenant pour base de cette répartition la contribution
foncière sur les différentes parties de maison que
desservent les portes cochères.

Pour apprécier le mode de contribution aux réparations de l'escalier, il faut considérer l'entre-sol
comme un étage. Aussi, le Code sarde, dans l'article
déjà cité, au lieu de parler comme l'article 664
Code Napoléon, du premier étage, dit que : le propriétaire de l'étage immédiatement supérieur au rez-
de-chaussée, fait et maintient l'escalier qui y conduit, à partir du rez-de-chaussée, et ainsi de suite.
Il ajoute que lorsqu'un étage est divisé entre divers
propriétaires, la dépense faite pour l'escalier qui y
conduit à partir de l'étage immédiatement inférieur,
ou du rez-de-chaussée, s'il s'agit du premier étage,
sera répartie entre eux, en raison de la valeur de
leur portion respective dans l'étage qui leur appartient. En ce qui concerne les escaliers qui conduisent
dans les caves, on doit suivre la même répartition
en prenant pour base la valeur des caves. Quant
aux chambres ayant dans l'escalier un accès intermédiaire entre un étage et l'autre, elles doivent être

considérées, en ce qui concerne la contribution aux frais, comme faisant partie de l'étage dont elles sont le plus rapprochées. Les galetas et mansardes doivent être pareillement considérées comme faisant partie des étages de chaque maison. (Code civil de Sardaigne, art. 584.)

Ces dispositions, qui ne sont que la conséquence des principes posés par notre Code, paraissent devoir être suivies parmi nous.

Les réparations à faire à la toiture ne doivent être considérées comme réparations communes, à la charge de tous les propriétaires, qu'en tant qu'elles concernent la toiture proprement dite ; c'est-à-dire, tout ce qui est destiné à couvrir le bâtiment et à le préserver des intempéries du temps. Mais tous les ouvrages faits sur la toiture pour la plus grande commodité de quelques-uns des propriétaires, ou pour préserver plus spécialement certaines parties du bâtiment, doivent rester à la charge de ces propriétaires. Ainsi, le propriétaire du rez-de-chaussée qui entre directement par la rue et n'a aucun accès sur l'escalier, ne doit pas contribuer aux réparations des vitraux qui éclairent l'escalier ; celui qui, dans un intérêt exclusif, a fait prendre des jours de ciel sur la toiture, doit en supporter seul la dépense d'entretien. Le propriétaire des mansardes doit contribuer seul aux réparations des appuis des fenêtres, et aux divers ouvrages destinés à protéger les murs latéraux de ces fenêtres.

Le propriétaire de chaque étage, dit l'article 664,

fait le plancher sur lequel il marche; et il faut ajouter, quoique la loi ne s'en explique pas, qu'il fait
également les plafonds, soffites et lambris supérieurs
des pièces qui lui appartiennent (M. Taulier, *Théorie du Code civil*, tom. 2, p. 395, et Code sarde, art.
584). Les voûtes des caves sont-elles considérées
comme le plancher sur lequel marche le propriétaire du rez-de-chaussée? il faut décider la négative.
MM. Pardessus et Taulier, *loc. çit.*, qui expriment
l'un et l'autre la même opinion, diffèrent cependant
en ce sens que le premier considère les voûtes des
caves comme incorporées aux gros murs, et faisant
partie des objets dont l'entretien doit être supporté
par tous les propriétaires. Le second, au contraire,
pense que les voûtes sont indépendantes des gros
murs, qui partent du sol lui-même et qu'elles appartiennent au propriétaire de la cave : par conséquent
celui-ci doit les réparer et les entretenir à ses frais.
Cette solution, applicable également aux voûtes des
étages supérieurs, s'il en existe, doit être admise
sans difficulté, lorsque ces voûtes ont été construites dans l'intérêt du propriétaire de l'appartement
qu'elles recouvrent, pour diminuer, par exemple,
les chances d'incendie dans une pièce destinée à
renfermer des archives, pour amortir le bruit, etc.,
etc.

Mais si les voûtes peuvent être considérées comme
formant le plancher ou sol sur lequel marche le
propriétaire supérieur, si elles remplacent les gros-
ses poutres qui supportent les lambourdes et qui

7

sont à la charge de ce dernier, il faudrait sans doute décider que le propriétaire supérieur doit être chargé des frais de réparation ou reconstruction de ces voûtes, et que le propriétaire inférieur est tenu seulement des ouvrages de parement et d'ornement exécutés à l'intrados de la voûte.

En ce qui concerne la convenance et le mode des réparations réputées communes, la majorité des propriétaires lie la minorité. Ainsi l'a décidé un jugement du Tribunal de Grenoble, du 18 mars 1850, 2e ch., aff. Guinier, contre Pra et consorts. Ce même jugement porte que les copropriétaires ne sont point tenus de contribuer aux dépenses que l'un d'eux se trouve obligé de faire par suite d'une réparation reconnue nécessaire; par exemple, l'abaissement de l'allée par suite de l'abaissement du sol de la rue. Par majorité il faut entendre la majorité en somme et non pas la majorité en nombre. Le propriétaire qui a une plus grande valeur, et qui doit contribuer dans une plus forte proportion, doit évidemment avoir une certaine prépondérance.

Il est d'usage, à Grenoble, en semblable matière et pour les grandes maisons telles que celle dite des Jacobins sur la place Grenette, et les maisons nouvellement construites dans les rues Vocanson, de la Paix, etc., et sur l'emplacement de l'ancien hôtel Franquières, que les propriétaires s'entendent pour désigner un syndic, dont les pouvoirs sont réglés par la délibération qui le nomme, et qui est chargé de faire les réparations communes ordinaires, et de répartir la dépense entre les divers intéressés. La valeur proportionnelle des étages ou fractions d'étages servant de base à la répartition des charges communes, est ordinairement calculée d'après le revenu porté sur la matrice cadastrale. Pour la grande maison bâtie sur l'emplacement du jardin de l'ancien hôtel Franquières, et qui est connue sous le nom d'Hôtel de la Cité, le règlement fait dans le principe entre les divers intéressés, en l'absence du revenu cadastral, qui n'était pas encore assis, avait adopté les bases suivantes : La pièce de troisième étage étant portée à 1 fr., celle d'entresol était portée à la même valeur; les pièces de premier et deuxième étage à 1 fr. 33 c., les arrières-magasins, 2 fr.; le magasin extérieur, 4 fr. Ce règlement est encore en vigueur. La contribution des portes et fenêtres, d'un usage commun à différents propriétaires, doit être répartie proportionnellement entre tous les propriétaires en prenant pour base la contribution foncière assise sur les diverses parties de la maison ou des maisons desservies par la même porte, ou qui profitent des mêmes ouvertures (Ord. royale du 10 février 1835, *Rép. adm.* de Miroir, août 1835, p. 348).

SECTION 6. — **Du parcours et de la vaine pâture.**

« La servitude réciproque de paroisse à paroisse connue
» sous le nom de *parcours*, et qui entraîne avec elle le droit
» de vaine pâture, continuera provisoirement d'avoir lieu avec
» les restrictions déterminées à la présente section, lorsque
» cette servitude sera fondée sur un titre ou sur une posses-
» sion autorisée par les lois et les coutumes; à tous autres
» égards elle est abolie.

» Le droit de vaine pâture dans une paroisse accompagné
» ou non de la servitude de parcours, ne pourra exister que
» dans les lieux où il est fondé sur un titre particulier, ou
» autorisé par la loi ou par un usage local immémorial, et à
» la charge que la vaine pâture n'y sera exercée que confor-
» mément aux règles et usages locaux, qui ne contrarieront
» point les réserves portées dans les articles suivants de la
» présente section. (L. 28 septembre-6 octobre 1791, art. 2
» et 3.) »

La vaine pâture est le droit qui appartient aux
habitants d'une même commune de mener paître
leurs bestiaux sur leurs propriétés respectives après
l'enlèvement des récoltes. Le parcours est le même
droit exercé par deux ou plusieurs communes sur
leurs territoires respectifs. Cet usage s'explique ai-
sément par le mode d'agriculture ancien, et qui
consistait à laisser reposer chaque année la moitié
des terres, mode encore en vigueur dans quelques
localités, mais qui tend à disparaître complétement.
Les terres ainsi laissées en jachères ne peuvent être

utilisées que pour le pâturage ; il est d'ailleurs difficile, eu égard à la division des fonds, d'empêcher
un troupeau d'aller sur le fonds voisin ; d'un autre
côté, le troupeau se forme très-souvent de la réunion des bestiaux appartenant à plusieurs propriétaires et placés sous la garde d'un seul berger. De
là une tolérance réciproque pour la vaine pâture.
Mais c'est tellement en règle générale une simple
tolérance à la connaissance de tous, que non-seulement on a admis de tout temps en Dauphiné, que
la clôture du fonds suffisait pour le soustraire au
parcours, mais encore qu'un simulacre de clôture
opérait le même effet temporairement. Ainsi, dans
certaines communes, le propriétaire qui ne veut pas
laisser pâturer son champ, se borne à faire sur les
bords et de loin en loin, quelques traces avec la
bêche carrée, ce qui n'est qu'un simulacre de fossé ;
ou bien il y plante quelques brins de branchages, de
loin en loin, ce qui n'est qu'un simulacre de haie, et
cela suffit pour que cette année-là son champ soit
respecté.

Le parcours et la vaine pâture que le législateur
n'a pas cru devoir abolir entièrement à cause de
l'ancienneté de leur origine et des usages qui les au-
torisent dans plusieurs contrées, sont généralement
regardés aujourd'hui comme contraires aux vérita-
bles intérêts de l'agriculture, et leur suppression a
été l'objet de nombreuses demandes, et des vœux
énergiques de plusieurs Conseils généraux, et notamment du Conseil général de l'Isère, dans sa ses-

sion de 1843. « La vaine pâture, disait le rappor-
» teur de la commission du Conseil général, fille
» des temps primitifs et de la féodalité, n'a jamais
» été considérée dans les pays de franc alleu ou de
» droit écrit, que comme précaire et de tolérance,
» lorsqu'elle ne résultait pas d'une concession ou
» d'un titre. Dans les pays coutumiers, au contraire,
» la vaine pâture était généralement un droit con-
» sacré par l'usage et acquis par la possession. Tou-
» tefois, ce droit étant devenu onéreux et nuisible,
» plusieurs provinces avaient sollicité et obtenu des
» édits pour le faire restreindre. Ceux de 1769 et
» 1771, les plus récents, donnèrent aux propriétai-
» res le droit de soustraire leurs terres à la vaine
» pâture en les faisant clore par des haies ou par
» des fossés. Les lois de 1790 et 1791 rendirent
» ce droit commun à toute la France, et déclarèrent
» rachetable, à dire d'experts, la vaine pâture qui
» aurait été créée par un titre (1). »

(1) Dans un rapport sur la situation économique de nos départements du *sud-est* lu en 1844 à l'Académie des sciences morales
et politiques, M. Blanqui attribue le maintien du parcours dans
nos pays à la nécessité pour les populations des départements de
l'Isère, des Hautes et Basses-Alpes et du Var, d'élever des troupeaux pour leur existence. Mettre à la réserve, dit-il, les maigres
communaux où on envoie paître les moutons, c'est priver les habitants d'une ressource indispensable; continuer de laisser dévas-
ter le sol par les troupeaux, c'est préparer de nouvelles calami-
tés pour l'ensemble de cette partie du territoire. On tourne donc
dans un cercle vicieux, dont l'Etat seul peut avoir raison. — On peut

En Dauphiné, pays de franc alleu, il n'existait ni lois, ni coutume, ui usage local ayant force de loi, qui obligeât les propriétaires à souffrir la vaine pâture, ainsi que l'a jugé un arrêt de la Cour de Grenoble, du 1er mars 1842, *Journal de jurisp.*, tom. 10, p. 269, d'où la conséquence que la vaine pâture ne pourrait être réclamée, comme droit, qu'en vertu d'un titre ou d'une prescription trentenaire, parce que les servitudes discontinues pouvaient s'acquérir autrefois par prescription, ainsi que cette doctrine est consacrée par l'arrêt de la Cour de Grenoble ci-dessus visé.

Mais aujourd'hui il en serait autrement. Le droit de vaine pâture qui ne serait pas fondé sur un titre ou une possession ayant acquis ce caractère avant la promulgation du Code, ne pourrait être que précaire, et ne saurait être acquise par prescription, parce que sous l'empire de la loi nouvelle, les servitudes discontinues, au nombre desquelles la servitude de vaine pâture doit être rangée, ne peuvent s'acquérir que par titre. (Arrêt de la Cour de Grenoble, du 30 août 1826. *Journal* tom. 3, p. 219.)

La Cour de Grenoble a dû s'occuper encore du point de savoir si l'action relative à un droit de vaine pâture établi dans une commune par un usage local

---

voir encore ce que dit à ce sujet M. le docteur Roussillon dans une intéressante publication, le *Guide du Voyageur dans l'Oisans*, p. 84. — Une loi du 26 juin 1854 a aboli la servitude de parcours et le droit de vaine pâture dans le département de la Corse.

immémorial, constitue un droit individuel dont l'exercice appartient à chaque habitant en particulier, ou si elle doit être exercée au nom de la commune en corps. Par un premier arrêt du 3 février 1838, la Cour a considéré que le droit était individuel et pouvait être exercé par chaque intéressé, parce que ce droit n'est pas absolument et uniquement communal; car la commune ou le conseil municipal, ou le maire avec son assentiment, ne pourraient l'affermer, le vendre ou s'en départir au préjudice des habitants, qui en profitent. Par un second arrêt du 8 juin 1838, la Cour a décidé, au contraire, que le droit de vaine pâture, lorsqu'il résultait de la coutume ou d'un usage local était un droit municipal qui, suivant Denisart, n'appartenait à aucun habitant en particulier, mais à tous en général, et duquel aucun habitant ne pouvait disposer pour en faire jouir à sa place, mais dont il devait jouir en communauté; que la nature de ce droit prenait son principe dans l'association tacite des habitants d'une paroisse pour la dépaissance de leurs bestiaux sur leurs fonds respectifs, après la levée des récoltes, et aux époques déterminées par l'usage; que la loi du 28 juin 1791 n'a eu pour objet que de restreindre le droit de vaine pâture, et non point d'en changer la nature, ou d'en former un droit commun pour toute la France, etc. (*Journ. de jurisp.* de la Cour, t. 9, p. 63.) Cette seconde décision me paraît la plus conforme aux vrais principes.

Voyons maintenant quels sont les usages relatifs à la vaine pâture dans le département de l'Isère.

Dans l'arrondissement de Grenoble, la vaine pâture ne s'exerce que sur les communaux dans les cantons du Bourg-d'Oisans, Corps, Mens, sauf la commune de Mens, du Monestier-de-Clermont, et pour les communes de Roissard, Gresse, Château-Bernard, Saint-Andéol, Miribel, Lanchâtre, Treffort et Saint-Paul-les-Monestier seulement; dans le canton du Touvet, pour la commune de Chapareillan, mas des Mortes; dans les cantons de Valbonnais et du Villard-de-Lans. Dans toutes ces localités il existe généralement un rôle de taxes délibéré par le conseil municipal et approuvé par l'autorité administrative supérieure, qui assujettit les propriétaires de bestiaux à une cotisation par chaque tête de bétail, cotisation qui varie suivant les lieux et la nature du bétail. Il suffit d'être domicilié dans la commune pour avoir droit de mener paître ses bestiaux dans les endroits affectés à la vaine pâture. Quelquefois, comme dans le canton du Villard-de-Lans, les bestiaux appartenant à des étrangers à la commune sont soumis à une double taxe.

Dans toutes ces localités, le troupeau de chaque commune est conduit au pâturage par un pâtre commun, et c'est un curieux spectacle de voir à la pointe du jour le pâtre traversant la principale rue du village en sonnant dans une corne de bœuf ou un buccin percés à leur extrémité, et les animaux se rendant des divers points à son appel pour le suivre à leur destination.

Dans les autres cantons de l'arrondissement, le droit de vaine pâture est inconnu, soit sur les propriétés communales, qui sont ordinairement affermées, soit sur les propriétés particulières. Cependant au Bourg-d'Oisans, les prairies situées sur la montagne et appartenant à des particuliers, sont soumises par l'usage à la vaine pâture après la récolte des foins.

Dans l'arrondissement de Vienne, le droit de vaine pâture n'existe que dans le canton de Beaurepaire. Il s'exerce non-seulement sur les propriétés communales, mais encore sur les propriétés non closes des particuliers. Dans les autres cantons, la vaine pâture n'existe que sur quelques communaux, et par pure tolérance seulement.

Dans l'arrondissement de la Tour-du-Pin, le droit de vaine pâture n'est pas admis en principe, ni sur les propriétés particulières, ni sur les propriétés communales, qui sont généralement affermées. Cependant les communes de Saint-Chef, de Saint-Marcel et de Saint-Savin, canton de Bourgoin, ont conservé quelques communaux dans les anciens marais desséchés, où les habitants, et notamment les plus pauvres d'entre eux, envoient paître leurs bestiaux, sans payer de redevance. Dans le canton de Crémieu, le pâturage n'est exercé que sur les terres vaines et vagues des communes. Les règlements qui sont faits par les conseils municipaux soumettent en général à une taxe les animaux conduits au pâturage, excluent certains animaux qui causent des dommages, tels que porcs, chèvres, etc.

Dans l'arrondissement de Saint-Marcellin, le droit de vaine pâture n'est admis ni sur les propriétés privées ni sur les propriétés communales, sans aucune exception.

SECTION 7. — Du Glanage.

L'usage immémorial qui consiste à abandonner aux pauvres tout ce qui reste sur les propriétés après l'enlèvement des récoltes, prend différentes dénominations, suivant les cas.

On l'appelle glanage quand il a pour objet les épis de blé, seigle, etc.

Grapillage, quand il s'applique aux raisins.

Ratelage, quand il s'agit des foins.

Enfin, on connaît encore dans le département de l'Isère, le chourelage (1), qui s'entend de l'enlèvement des raisins (l'expression grapillage n'étant pas en usage), des noix, châtaignes, etc., laissées par le propriétaire après l'enlèvement de ses récoltes.

_____

(1) Cette expression, tout à fait locale, paraît dériver du mot patois *cheura*, la chèvre, d'où sera venu : cheureler ou choureler. De même que la chèvre broute les feuilles et les fruits des haies et buissons, de même le choureleur fait principalement sa récolte sur les haies dans lesquelles tombent les noix et châtaignes, les arbres qui les produisent étant ordinairement des arbres de bordure.

Sans remonter aux textes de l'Ecriture-Sainte
(Levit., ch. 19, v. 9; Deut., ch. 25, v. 19) qui contiennent, au sujet du glanage, des dispositions em-
preintes d'un sentiment de la plus touchante frater-
nité, on peut citer une ordonnance de Henri II, du
2 novembre 1554, qui interdit le glanage à tous autres qu'aux gens vieux et débilités de membres, aux
petits enfants, et aux autres gens qui n'ont pas la
force de seyer, c'est-à-dire, de travailler pendant la
moisson. Un arrêt de la Cour de cassation, du 10
juin 1843, Devill. 44, 1, 176, a décidé que cette
disposition n'avait pas cessé d'être en vigueur, et
qu'un arrêté municipal, qui en reproduisait le con-
tenu, était légalement obligatoire.

Il résulte encore de l'article 21 du titre 2 de la
loi du 28 septembre-6 octobre 1791, et de l'article 471, n° 10 du Code pénal, que le glanage,
ratelage ou grapillage ne peut s'exercer que dans
les champs, prés ou vignes récoltés et ouverts (ce
qui exclut tout enclos rural) et après l'enlèvement
entier des fruits, sans qu'on puisse y pénétrer avant
le moment du lever ou après celui du coucher du
soleil.

Voici maintenant les usages locaux relatifs au glanage.

Dans l'arrondissement de Grenoble, l'usage de glaner, grapiller, rateler et choureler, existe dans les
cantons d'Allevard, Clelles, Corps, sauf pour le ratelage; Saint-Laurent-du-Pont, pour le glanage seulement; Sassenage, Touvet, Valbonnais, Vizille et

Voiron; et il s'exerce sous la surveillance du garde champêtre.

L'usage de glaner n'existe pas dans les cantons du Bourg-d'Oisans, Monestier-de-Clermont, la Mure et Villard-de-Lans.

Dans les autres cantons il ne s'exerce que par pure tolérance, et chaque propriétaire pourrait l'interdire sur son fonds.

Dans l'arrondissement de Vienne, l'usage existe pour les cantons de Beaurepaire, la Côte-Saint-André, Heyrieu, sauf en ce qui concerne le chourelage qui y est inconnu; Roussillon, Saint-Symphorien-d'Ozon et la Verpillière. Dans le canton de Vienne, le glanage ne s'exerce que par tolérance, et dans celui de Saint-Jean-de-Bournay, la tolérance n'existe que pour le glanage proprement dit.

Dans l'arrondissement de la Tour-du-Pin, l'usage de glaner est considéré comme l'effet d'une simple tolérance, que le propriétaire peut toujours faire cesser à volonté, et dans les cantons de Crémieu, Saint-Geoire et Virieu, la tolérance n'existe même que pour le glanage des épis.

Dans l'arrondissement de Saint-Marcellin, c'est aussi par tolérance que les propriétaires laissent glaner et grapiller sur leurs fonds. Dans le canton de Saint-Marcellin, la recherche des noix est autorisée après la Toussaint. Dans le canton de Vinay, un arrêté municipal détermine ordinairement l'époque où on peut enlever les grains, noix et châtaignes que les propriétaires ont laissés dans les champs.

Dans le canton de Rives, on ne tolère que le glanage proprement dit. Le chourelage des noix ne peut avoir lieu que sur les chemins et dans les haies.

SECTION 8. — Du Ban des vendanges.

« Dans les pays où le ban des vendanges est en usage, il
» pourra être fait à cet égard un règlement chaque année par
» le conseil général de la commune (aujourd'hui le maire) (1),
» mais seulement pour les vignes non closes. (L. 26 septem-
» bre-6 octobre 1791, sur la police rurale, t. 1, sect. 5,
» art. 2.) »

Le ban (2) de vendanges a été établi pour empê-

---

(1) La doctrine générale enseigne que le droit de fixer le ban de vendanges appartient aujourd'hui au maire. Voir cependant un article de M. Serrigny, professeur à la faculté de droit de Dijon, qui revendique ce droit pour le conseil municipal de la commune. (*Rev. crit. de législ. et de jurisp.*, année 1853, p. 242.)

(2) Le mot *ban* vient de l'ancien mot *bannum* qui, suivant Ducange, s'entendait de tout ordre prohibitif. De là est venu le mot *banalité* qui, dans l'ancien régime, s'entendait du droit qu'avaient les seigneurs d'obliger les habitants à moudre à leur moulin, à cuire le pain à leur four, à se servir de leur pressoir, en lui payant une certaine redevance. On connaissait encore le ban de vin, en vertu duquel les habitants ne pouvaient vendre leur vin que lorsque le seigneur avait vendu le sien. Le *bannum* se publiait pour que chacun en eût connaissance, et de là vient que le même mot comporte également la publication et la défense. (V. *Revue de législation*, année 1844, t. 3, p. 1 et suiv., un article de M. Championnière, sur la propriété des eaux courantes.)

Indépendamment des raisons qui justifient la nécessité d'un ban de vendanges, on comptait encore autrefois celle tirée de la commo-

cher le maraudage et les récoltes prématurées nuisibles à la qualité du vin.

On doit considérer comme vignes non closes et par conséquent assujetties aux règlements sur le ban de vendanges, les vignes appartenant à différents propriétaires qui ne sont point séparées les unes des autres par des clôtures particulières, bien qu'elles soient comprises dans une clôture commune. (Avis du Conseil d'Etat du 5 août 1830.)

L'infraction aux arrêtés municipaux en cette matière est punie par l'article 475, n° 1 du Cod. pén.

L'usage d'un ban de vendanges existe généralement dans les divers cantons de l'arrondissement de Grenoble, à l'exception toutefois des cantons du Bourg-d'Oisans, Saint-Laurent-du-Pont et Villard-de-Lans, où il n'existe pas de vignes. L'usage existait autrefois dans le canton de Voiron, mais il a cessé depuis environ dix ans.

Dans l'arrondissement de Vienne, le ban de vendanges existe dans tous les cantons, à l'exception de celui de Roussillon. Toutefois, dans le canton de Saint-Jean-de-Bournay et dans la commune de Septême, canton de Vienne, il tombe en désuétude.

Dans l'arrondissement de la Tour-du-Pin, l'usage du ban existe assez généralement dans les divers

---

dité des seigneurs décimans. La coutume, en Dauphiné, donnait au seigneur le droit de vendanger un jour ou deux avant ses justiciables, afin de pouvoir trouver plus facilement des vendangeurs. (Salv. de Boiss. *De l'usage des fiefs.*)

cantons, sauf celui de Saint-Geoire. Néanmoins, les
règlements sont peu observés dans les cantons de
Crémieu, du Grand-Lemps, où l'usage paraît tomber
en désuétude.

Dans l'arrondissement de Saint-Marcellin, les usages sont assez variés : dans le canton de Saint-Marcellin, plusieurs communes ont des bans, d'autres n'en
ont pas ; cela dépend de l'administration municipale. Dans le canton de Tullins, le ban est en usage,
sauf pour le chef-lieu, où l'usage a cessé d'exister
depuis près de vingt ans. Dans le canton de Rives,
l'usage existe pour toutes les communes, sauf celles
qui touchent à la plaine, et qui ont des vignes tout
à la fois sur le coteau et dans la plaine, à cause de
l'impossibilité de protéger également les propriétés
de la plaine et celles du coteau, où l'époque de maturité ne saurait être la même. Il en est ainsi dans
le canton de Vinay. Enfin, l'usage du ban de vendanges tombe en désuétude dans les cantons de
Saint-Etienne-de-Saint-Geoirs et de Roybon, et il
n'existe pas dans celui de Pont-en-Royans.

SECTION 9. — De la distance à garder pour les plantations.

‹ Il n'est permis de planter des arbres de haute tige qu'à
› la distance prescrite par les règlements particuliers actuel-
› lement existant, ou par les usages constants et reconnus ;
› et à défaut de règlements et usages, qu'à la distance de deux
› mètres de la ligne séparative des deux héritages pour les

» arbres à haute tige, et à la distance d'un demi-mètre pour
» les autres arbres et haies vives. (Cod. Nap., art. 671.) »

Il existait autrefois en Dauphiné un arrêt de règlement du 8 novembre 1612 ainsi conçu :

« La Cour ordonne et défend à tous propriétaires
des fonds, de planter aucun arbre proche des fonds
de leurs voisins, plus proche que de six pieds, tant
en terres labourables, verger, jardin que vignes; et
aux bâtiments qu'il ne sera planté aucun arbre plus
proche que de trois toises, à peine de contravention
à notre présent arrêt, et de deux cents livres d'a-
mende, et des dépens, dommages et intérêts; et au
surplus, qu'il sera permis de faire couper lesdits
arbres ci-devant plantés, tant proche desdits bâtiments que desdits fonds, en dégrevant les parties, à
dire d'experts (1). »

La distance fixée par cet arrêt pour les plantations,
étant la même que celle fixée par la loi, il ne peut
exister aucune difficulté à cet égard. Mais il faut rè-
marquer seulement que l'arrêt de 1612, à la différence de plusieurs arrêts semblables, rendus par
d'autres Parlements, et des articles de coutume sta-
tuant sur cette matière, fait une distinction relativement à la distance prescrite pour les plantations

---

(1) On peut voir le texte entier de cet arrêt dans le *Recueil des
édits, Décl. let. pat.* concernant la province de Dauphiné, imprimé
par Giroud, t. 1, p. 599, et dans les plaidoyers de Guy Basset, t. 1,
p. 175.

d'arbres entre les fonds de terre et les bâtiments. La distance à observer, relativement à ces derniers, était de trois toises, plus grande par conséquent que celle prescrite par l'article 671. Or, on se demande si cette prescription est encore en vigueur. L'affirmative ne serait pas douteuse en principe. Les arrêts de cette nature ont été formellement maintenus par la loi, et c'est là une nouvelle preuve de la sagesse du législateur, qui a pensé avec raison que la diversité du sol, des exploitations, des espèces de plantation, des climats, devait avoir une grande influence en cette matière, et qu'il fallait s'en référer aux règlements ou usages consacrés pour chaque localité par la sagesse et l'expérience des siècles passés. Telle est, au surplus, l'opinion de MM. Pardessus, *Traité des servit.*, p. 330 et 334. Taulier, *Théorie du Code civil*, t. 2, p. 401. Mais il ne suffit pas qu'un règlement ait été fait antérieurement, il faut de plus qu'il soit actuellement existant, c'est-à-dire, qu'il ait continué à être en vigueur, ou qu'il n'ait pas été abrogé par un usage contraire; or, il résulte des renseignements fournis de tous les points du département que le règlement de 1612 n'avait pas été observé en ce qui concerne les plantations faites auprès des bâtiments. On ne pourrait presque citer que les cantons du Touvet, Heyrieu et Saint-Marcellin, où les prescriptions de l'arrêt de 1612 sur ce point paraissent avoir été mieux observées; mais il est plus convenable de décider d'une manière générale que l'arrêt de 1612 n'avait pas reçu réellement d'exécution en ce qui touche à la distance des plantations faites près des bâtiments, et que par conséquent les règles tracées par le Code Napoléon doivent seules régir aujourd'hui cette matière. Il doit en être de même de certains usages qui fixaient des distances plus grandes que celles de l'arrêt de 1612, pour les noyers notamment, dont l'ombre est très-nuisible aux récoltes, et qui existaient jadis dans les cantons de Vizille, Vinay, etc.

Une doctrine constante enseigne, au surplus, que lorsque l'usage était de planter à volonté sans laisser aucune distance, cet usage ne peut être maintenu, le Code n'ayant conservé les usages locaux qu'en tant seulement qu'ils déterminaient une distance quelconque inférieure ou supérieure à celle prescrite par la loi. Ainsi, dans les cantons où on plantait jusque sur la limite des propriétés, tels que ceux de Clelles, Saint-Laurent-du-Pont, Mens, Sassenage, Bourgoin, Pont-de-Beauvoisin, les usages qui pouvaient exister à cet égard, et qui étaient contraires, d'ailleurs, au règlement de 1612, ont été abrogés par le Code. Il en est de la distance à observer pour la plantation des arbres, comme de la nécessité des murs de clôture. La loi l'exige dans un intérêt d'ordre public, sur lequel un ancien usage ne saurait nullement prévaloir. (Pardessus, *Traité des servit.*, no 340.)

Il faut remarquer que les arbres, qui sont par leur nature arbres de haute tige, ne peuvent être considérés comme arbres de basse tige, ni dès lors être

plantés à une distance moindre de deux mètres de
la ligne séparative des héritages, alors même qu'ils
seraient coupés et recepés périodiquement et maintenus à la hauteur d'une haie, et qu'il y aurait en-
gagement du propriétaire de les maintenir en cet
état. Cette décision est consacrée par deux arrêts de
la Cour de cassation des 9 mars et 25 mai 1853.
(Devill. 53, 1, 248 et 714.) Le premier de ces arrêts
ajoute même que les usages locaux ne sont maintenus qu'en ce qui concerne la distance, et non pas
dans le cas où l'usage porte seulement sur le point
de savoir si les arbres qui, de leur nature, sont de
haute tige, peuvent être considérés comme de basse
tige, quand ils sont coupés et recepés périodiquement. Cet arrêt, qui paraît d'ailleurs rigoureusement
conforme aux principes, est l'objet d'une vive critique
de la part de l'arrêtiste, qui signale la perturbation
complète que cette jurisprudence amènerait dans
l'état de choses existant dans un grand nombre de
localités.

Quant aux arbres à basse tige, arbustes, haies,
vignes, etc., l'usage généralement suivi autrefois
était de laisser une distance de un pied et demi, ce
qui équivaut, à peu de chose près, à celle d'un
demi-mètre, prescrite par le Code, et qui doit être
maintenant observée.

Toutefois, il est assez généralement d'usage, relativement aux vignes, que les deux propriétaires,
dans le but d'économiser le terrain, s'entendent pour
placer deux rangées parallèles à vingt-cinq ou trente

centimètres seulement de distance, et l'un des propriétaires serait mal fondé à réclamer l'enlèvement
de cette ligne de treillages : il pourrait s'opposer à
ce qu'elle fût plantée sans observer la distance,
mais il doit la maintenir si elle existe. Il importe
peu au surplus que la vigne soit élevée sur des
piquets ; elle n'en conserve pas moins sa qualité
d'arbre de basse tige. Toutefois, à Goncelin, l'usage
est de laisser un mètre pour les hautins, et à la
Tour-du-Pin, on laisse deux mètres.

Relativement aux arbres plantés le long d'un mur
commun ou d'un mur appartenant au propriétaire
de l'arbre, on se préoccupe peu de la distance, à
la condition que l'arbre ne dépasse pas le mur en
hauteur. Si le mur appartient au voisin, il faut
observer la distance prescrite par la loi, et on ne
peut espaler contre ce mur.

Quant aux arbres même à haute tige, qui bordent des fossés mitoyens, il est assez généralement
d'usage dans les cantons de Beaurepaire, Roussillon,
Bourgoin, de se contenter d'une distance de cinquante centimètres.

Dans plusieurs cantons du département et notamment à Allevard, St-Laurent-du-Pont, Touvet,
Valbonnais, Villard-de-Lans, St-Jean-de-Bournay,
Meyzieu, Roussillon et Rives, il est d'usage de ne
pas observer de distance dans les plantations ou
semis de bois, lorsque la propriété voisine est elle-
même plantée en bois. Mais cet usage est condamné
par ce qui a été dit précédemment et par un arrêt

de la Cour de Rennes du 19 juin 1838. (Devill. 38, 2-526.)

L'art. 603 du nouveau Code civil sarde a consacré légalement la plupart de ces dispositions, et je le rapporte en entier parce qu'il peut être consulté avec fruit, à cause de la proximité de la Savoie et de la similitude de la plupart des usages qui régissent les deux pays.

« 603. Il n'est permis de planter des arbres près des confins de la propriété d'un voisin qu'en laissant les distances prescrites par les règlements locaux ; à défaut de ces règlements on devra observer les distances suivantes :

» 1º Pour les arbres de haute futaie, trois mètres.

» Quant aux distances à observer : sont considérés comme arbres de haute futaie tous ceux dont la force principale provient de l'élévation considérable de leur tronc, soit qu'il se divise en plusieurs branches, soit qu'il se prolonge sans se diviser, tels que les noyers, les châtaigniers, les chênes, les pins, les cyprès, les ormes, les peupliers, les platanes et autres semblables.

» Les robiniers et les mûriers de la Chine sont, quant aux distances, assimilés aux arbres de haute futaie.

» 2º Pour les autres arbres qui ne sont pas de haute futaie, un mètre et demi.

» Sont considérés comme appartenant à cette espèce ceux dont le tronc parvenu à une hauteur peu considérable se divise en rameaux plus ou moins nombreux, tels que les poiriers, les pommiers, les cerisiers, et en général les arbres fruitiers non compris dans le n° 1er; il en est de même des mûriers, saules, robiniers-parasols et autres arbres semblables.

» 3° Pour les vignes, les arbustes, les haies vives, ainsi que pour les arbres fruitiers, soit nains soit à espalier, dont la hauteur n'excède pas deux mètres et demi : un demi-mètre. La distance sera cependant d'un mètre quand les haies seront formées avec des robiniers, des aulnes, des châtaigniers ou autres plantes semblables, dont la coupe par pied se fait périodiquement.

» Il ne sera point nécessaire d'observer les distances ci-dessus prescrites, lorsque le fonds sera séparé de celui du voisin par un mur mitoyen ou non, pourvu que les plantes soient maintenues à une hauteur qui ne dépasse pas celle du mur.

» 604. Quant aux plantes qui croissent et aux plantations que l'on fait, soit dans l'intérieur des forêts, près des limites respectives, soit sur le bord des canaux ou le long des chemins communaux, sans préjudicier aux cours des eaux et aux communications, on observera les règlements, à défaut, les usages locaux, et faute de règlements et d'usages, les distances fixées dans l'article précédent. »

Un arrêté du Préfet de l'Isère du 5 avril 1837, pris en exécution de la loi du 21 mai 1836, sur les chemins vicinaux, et approuvé par le Ministre de l'intérieur le 11 mai suivant, contient relativevement aux distances à observer pour les plantations d'arbres le long des chemins vicinaux, les dispositions suivantes :

Art. 93. A dater de la publication du présent règlement, dans les communes du département, aucune plantation ne pourra être faite par les propriétaires riverains des chemins vicinaux, sans en avoir demandé et obtenu l'alignement, ainsi qu'il est dit, articles 86 et 87 ci-dessus. La plantation ne pourra être faite qu'à deux mètres de distance des bords de ces chemins pour les arbres, et à celle d'un demi-mètre pour les haies vives. Ces distances seront comptées à partir du bord extérieur des fossés lorsqu'il en existera.

97. Les plantations faites antérieurement à la publication du présent règlement, à des distances moindres que celles ci-dessus fixées pourront être conservées, mais elles ne pourront être renouvelées qu'en observant les distances prescrites.

SECTION 10. — Des constructions qui peuvent nuire au voisin.

« Celui qui fait creuser un puits ou une fosse d'aisances
» près d'un mur mitoyen ou non; celui qui veut y construire
» cheminée ou âtre, forge, four ou fourneau, y adosser un
» étable, ou établir contre ce mur un magasin de sel ou amas
» de matières corrosives, est obligé de laisser la distance
» prescrite par les règlements et usages particuliers sur ces
» objets, ou à faire les ouvrages prescrits par ces mêmes

» règlements et usages , pour éviter de nuire au voisin.
» (Code Nap. , 674.) »

Il n'existait antérieurement au Code Napoléon, aucun règlement particulier sur les objets compris dans l'article 674 applicable au Dauphiné. On y suivait généralement les prescriptions des articles 188 et suivants de la coutume de Paris, ainsi conçus :

188. Qui fait étable ou autre chose semblable contre un mur mitoyen, il doit faire contre-mur de huit pouces d'épaisseur de hauteur jusqu'au rez-de-chaussée de la mangeoire.

189. Qui veut faire cheminées et âtres contre un mur mitoyen doit faire contre-mur de tuilots et autres choses suffisants de demi-pied d'épaisseur.

190. Qui veut faire forge, four ou fourneau contre un mur mitoyen, doit laisser demi-pied de vide (1) et intervalle entre deux du mur du four ou forge, et doit être ledit mur d'un pied d'épaisseur.

191. Qui veut faire aisances de privés ou puits contre un mur mitoyen doit faire un contre-mur d'un pied d'épaisseur; où il y a de chacun côté puits d'un côté et aisances de l'autre, il suffit qu'il y ait quatre pieds de maçonnerie d'épaisseur entre deux, comprenant les épaisseurs des murs d'une part et d'autre; mais entre deux puits suffisent trois pieds pour le moins.

192. Celui qui a place, jardin et autre lieu vide,

(1) Ce vide est ce qu'on appelle le tour du chat.

qui joint immédiatement un mur d'autrui ou un mur mitoyen et y veut faire labourer et fumer, est tenu d'y faire contre-mur de demi-pied d'épaisseur, et s'il y a terres jectisses, il est tenu de faire contre-mur d'un pied d'épaisseur.

Ces règles sont encore en usage aujourd'hui, sauf les modifications que le progrès des arts a pu introduire pour parer aux inconvénients que la coutume a voulu empêcher, et éviter de nuire au voisin. Car c'est là le résultat final auquel il faut surtout s'arrêter.

Dans le canton de Vienne, l'usage a admis pour la construction des fosses de tanneurs, de laisser entre le contre-mur et le mur mitoyen un espace de quinze centimètres, qui est rempli par un beton de chaux vive et gravois, le tout indépendamment des règles prescrites pour la construction elle-même.

Un arrêté de police de la ville de Grenoble, en date du 29 septembre 1835, a prescrit diverses règles pour la construction et la réparation des fosses d'aisances.

Un autre arrêté du 31 mai 1845, relatif aux constructions en bois, prescrit de sages mesures pour prévenir les accidents qui peuvent résulter de ce mode de construction. En voici le texte :

« Le Maire de la ville de Grenoble, chevalier de la légion d'honneur,

» Vu...... Considérant que depuis quelques années

il a été élevé sur les terrains aujourd'hui compris dans la nouvelle enceinte de la ville de Grenoble, diverses constructions en pans de bois.

» Considérant que leur nombre tend incessamment à s'accroitre, et qu'elles se rapprochent chaque jour davantage les unes des autres le long des nouvelles voies publiques.

» Considérant que cette double circonstance est la source d'un double danger, qui réside dans le défaut de solidité des constructions et dans l'aliment qu'elles fournissent en cas d'incendie à la propagation du fléau.

» Considérant qu'un exemple récent a démontré l'imminence et la gravité de ce dernier péril.

» Considérant qu'il importe dès lors de prendre les mesures convenables pour le prévenir.

» ARRÊTE : Art. 1ᵉʳ. Toute construction en pans de bois, colombage, lattis, torchis, ou autres matières combustibles est interdite dès ce jour dans l'intérieur de l'enceinte de la ville de Grenoble, soit qu'il s'agisse de maisons d'habitation, soit qu'il s'agisse de simples hangars, pavillons ou échoppes.

» Art. 2. Il est également interdit de couvrir aucune espèce de construction en chaume, essendoles ou matières inflammables quelconques.

» Art. 3. Aucune construction de la nature de celles qui sont désignées dans les deux articles précédents, aujourd'hui existante, ne pourra être à l'avenir entretenue, réparée ou réédifiée.

» Art. 4. Il sera fait immédiatement un recensement général de toutes lesdites constructions ou couvertures, et il sera dressé un procès-verbal décrivant leur état actuel. Les résultats de cette opération seront portés sur un registre spécial ouvert à la Mairie, afin de servir à constater les infractions qui seront commises à la défense contenue dans l'article 3 ci-dessus.

» Art. 5. Les maisons, hangars, pavillons ou échoppes qui seront reconnus en état de péril, devront être abattus dans le délai qui sera notifié aux propriétaires desdites constructions.

» Art. 6. Toutes contraventions aux dispositions du présent arrêté seront constatées par des procès-verbaux et les contrevenants poursuivis pour être condamnés à la démolition et à l'amende, etc., etc.

» Fait à Grenoble en l'hôtel de ville le 31 mai 1845. »

TAULIER.

SECTION 11. — Des fossés.

La loi 14 D. *fin. reg.* imposait à celui qui creusait un fossé l'obligation de laisser du côté du voisin un espace de terrain égal à la profondeur du fossé, de manière à prévenir tout éboulement des terres. Le Code n'a pas renouvelé cette prescription; mais les usages locaux ont été maintenus en cette matière par la jurisprudence de la Cour de cassation. (V.

arrêts des 22 février 1827, Sir. 27, 1-136, 11 avril 1848; Dev. 48, 1-395 et 3 juillet 1849, Dev. 49, 1-624.) De plus, ces usages peuvent être consultés avec fruit pour décider au besoin certaines questions relatives à la limite de deux héritages et à la propriété du franc-bord d'usage en faveur du propriétaire du fossé.

En l'absence d'un usage local obligeant le propriétaire qui veut se clore par un fossé, à laisser au delà et en dehors un certain espace ou franc-bord du fossé pour garantir la propriété voisine contre l'éboulement des terres, le propriétaire a le droit de creuser son fossé à la limite extrême de l'héritage voisin. (Cass. 3 janvier 1854, Dev. 54, 1-119). Mais il est hors de doute dans ce cas, qu'il ne peut le faire qu'à ses risques et périls, et que d'après l'article 1382 Cod. Nap., il serait tenu de réparer le préjudice causé par son fait, s'il n'avait pas pris les précautions nécessaires pour prévenir l'éboulement du terrain voisin.

L'ancienne prescription du Droit romain était généralement observée en Dauphiné. Toutefois, la largeur du terrain n'était que de six pouces dans le canton d'Allevard, dans la commune de Pontcharra et dans le canton de Meyzieu. Elle était de un à deux pieds dans les cantons de Vizille, Villard-de-Lans, Bourgoin et Crémieu, et dans la partie montagneuse de la commune de Pontcharra. Elle était du tiers de la profondeur du fossé à Morestel. Dans les cantons du Bourg-d'Oisans, Goncelin dans la plaine, Sassenage, Villard-de-Lans, la Côte-Saint-André, Heyrieu, Meyzieu, Pont-en-Royans, Rives, on laissait un talus de quarante-cinq degrés, qui est la pente la plus large que prennent les terres les plus légères. A Pontcharra, outre le talus, on laisse une *semelle* ou dix-sept centimètres; à Goncelin, dans la partie montagneuse, deux pieds, et au Touvet, six pouces, toujours indépendamment du talus.

Ces règles ont été suivies jusqu'à nos jours, et je pense que le propriétaire, creusant un fossé sur son propre terrain, et qui laisserait à son choix, soit un espace de terrain égal à la profondeur du fossé, soit un talus de quarante-cinq degrés (1), ne pourrait être soumis à aucune action de la part du voisin.

Le Code Sarde a formellement maintenu la prescription du Droit romain, dans son art. 599 ainsi conçu : Celui qui creusera des fossés ou canaux dans sa propriété devra laisser entre eux et le fonds voisin, une distance au moins égale à leur profondeur, à moins que les règlements locaux ne prescrivent une plus grande distance.

---

(1) On obtient géométriquement le talus de quarante-cinq degrés en traçant l'hypoténuse d'un triangle rectangle, dont les deux autres côtés sont égaux, ou, ce qui revient au même, en traçant la diagonale d'un carré.

SECTION 12. — Des servitudes de passage.

« Le propriétaire dont les fonds sont enclavés et qui n'a
» aucune issue sur la voie publique, peut réclamer un passage
» sur le fonds de ses voisins pour l'exploitation de son héri-
» tage à la charge d'une indemnité proportionnée au dommage
» qu'il peut occasionner. (Code Nap., art. 682.)
  » Quand on établit une servitude on est censé accorder tout
» ce qui est nécessaire pour en user. (*idem*, art. 696.)

Les passages qui peuvent s'exercer sur les fonds
voisins sont de deux sortes : les passages proprement dits et le tour d'échelle.

§ 1ᵉʳ. — *Du passage proprement dit.*

La loi romaine connaissait trois sortes de passage : le premier était le droit de passage concédé
à l'homme allant à pied, *iter* qui correspondait à
notre sentier à talon ; sa largeur n'est pas bien connue ; on pense qu'elle était de deux à trois pieds.

Les deux autres, *actus* et *via*, donnaient le droit de
passer avec bêtes de somme et voitures. La différence qui existait entre ces deux espèces de chemins
n'est pas bien connue. La plus ample *via* avait huit
pieds en droite ligne (*in porrectum*), et seize pieds
dans les contours (*in anfractum*) (1).

---

(1) Suivant Salvaing de Boissieu, *de l'usage des Fiefs*, t. 1, p. 225,
les chemins privés doivent avoir autant de largeur que l'usage

Les pays de droit écrit et le Dauphiné notamment suivaient sur ce point les règles du Droit romain en cas d'enclave. La servitude de passage pouvait s'acquérir sans titre et par prescription, (arrêt de la Cour de Grenoble du 29 décembre 1821, *Journal*, t. 1, p. 514.) lorsque le propriétaire du fonds enclavé passait habituellement sur le fonds voisin pour garnir et dégarnir le sien. Mais il fallait que la possession, pour servir de fondement à une prescription légale, eût lieu au su et vu du propriétaire, sans trouble ni empêchement, lors même que le fonds asservi était ensemencé. Toute autre possession était réputée clandestine, précaire ou de simple tolérance, (Villars, *Jurisprudence de la Cour de Grenoble*, p. 620.)

Mais hors le cas d'enclave, alors, comme aujourd'hui, la servitude de passage ne pouvait s'acquérir que par titre. (V. Sabatery, *Préc. de la Jur. du Parl. de Gren.*, p. 230, n° 12.) Quoi qu'il en soit, lorsqu'il s'agit de déterminer l'espace nécessaire pour l'exercice de la servitude, il importe de consulter les usages locaux, qui sont assez variables suivant les pays.

---

auquel ils sont destinés le requiert. *Via* doit être de huit pieds de largeur pour recevoir deux chariots venant l'un contre l'autre. *Actus*, quatre pieds pour un simple chariot. *Iter*, deux pieds pour le passage d'un homme à pied ou à cheval. *Semita*, un pied *quasi semi-iter* comme dit Varron, *lib. 4 de Linguâ latinâ. Callis* est un sentier pour les bêtes : *iter pecudum inter montes angustum et tritum*, *à callo pecudum vocatum sive callo pecudum perduratum*, suivant l'étymologie d'Isidore, *lib.* 15 *cap. ult. orig.*

La pratique journalière ne reconnaît en thèse générale que deux espèces de passage : le sentier à talons et le chemin de voiture.

La largeur ordinaire du premier est de trente centimètres dans le canton de la Côte-St-André; quarante centimètres dans les cantons de Domêne et Vinay; de cinquante centimètres dans les cantons d'Allevard, Clelles, Mens, Touvet, Villard-de-Lans, Voiron, Bourgoin, Lemps, la Tour-du-Pin, Pont-en-Royans, Roybon et Rives; de soixante-six centimètres dans les cantons de Goncelin (dans les champs), Beaurepaire et Virieu; et de un mètre dans le canton de Goncelin (vignes), et dans les autres cantons du département.

Le chemin de voiture est de deux mètres dans les cantons d'Allevard, Clelles, Corps, Goncelin (sauf à Tencin où il est de trois mètres parce qu'on se sert de *chars*), Mens, Vizille, la Côte-Saint-André, Meyzieu, Lemps et Vinay.

Il est de deux à trois mètres suivant la nature des récoltes à enlever dans les cantons de St-Laurent-du-Pont, Sassenage, Villard-de-Lans, Beaurepaire, Roussillon, Saint-Geoire et Tullins.

Partout ailleurs, il est de trois mètres.

Les sentiers d'exploitation ou droits de passage connus dans le département et stipulés dans les actes sous la dénomination de passages pour *garnir* et *dégarnir*, *vêtir* et *dévêtir* s'entendent toujours d'un chemin de voiture, à moins que par exception, l'exploitation se fasse à dos d'hommes, comme

9

dans certaines localités abruptes des pays de montagnes.

§ 2. — *De l'échelage.*

L'échelage ou *tour d'échelle* s'entend ou de l'espace de terrain laissé par le propriétaire autour de sa maison, afin de pouvoir circuler librement pour les réparations à faire aux murailles (1), ou de la faculté de passer sur le sol d'autrui et d'y entreposer des matériaux pour le même objet.

Dans le premier cas, l'espace de terrain laissé libre autour des bâtiments appartient exclusivement au propriétaire du bâtiment, et le voisin ne peut rien entreprendre sur cet espace.

Dans le second cas, le voisin au contraire est propriétaire du terrain jusqu'au pied du mur, et peut y faire toutes les plantations qu'il juge convenables en se conformant à la loi, sauf le droit que peut avoir le propriétaire du bâtiment d'appliquer des échelles sur le terrain, et d'y entreposer des matériaux pour les réparations à faire à sa maison.

Dans l'ancien Droit, cette dernière faculté constituait une servitude légale, qui n'a pas été con-

---

(1) Cet espace de terrain était connu sous le nom d'*ambitus* par les lois romaines, qui le prescrivaient. Il était connu sous l'ancien droit, sous les noms d'*invetison*, *répare*, *ceinture.*

servée par le Code. (Pardessus, *Trait. des Serv.*, t. 2,
p. 355.). Ainsi donc le *tour d'échelle* ne peut s'établir aujourd'hui que par titre, et comme il constitue
une servitude discontinue et non apparente, il ne
peut être acquis par prescription.

Toutefois, comme il est très-rare de voir le droit
d'échelage établi sur un titre, et que l'exercice de
ce droit peut être souvent indispensable, la doctrine
et la jurisprudence décident que s'il est constaté en
fait qu'un propriétaire est dans l'impossibilité de
faire à sa maison les réparations nécessaires sans
passer sur le fonds du voisin, celui-ci est tenu de
lui concéder cette faculté moyennant indemnité,
d'après la maxime : *Quod tibi non nocet et alteri pro-
dest, facilè concedendum.* (V. arrêt de la Cour de
Bruxelles, 28 mars 1823; Sir. 25, 2-374; Pardessus,
Serv., n° 228 ; Fournel, *voisinage*, *h. v.*)

Mais l'article 691 ayant maintenu les servitudes
discontinues déjà acquises par la possession au moment de la promulgation du Code, dans les pays où
elles pouvaient s'acquérir de cette manière, il y a
utilité de rechercher quelle était la règle suivie
dans l'ancienne province du Dauphiné.

Or, il est de jurisprudence certaine que les servitudes discontinues pouvaient s'acquérir par prescription, pourvu que la possession, qui leur servait
de base fût une possession sérieuse, *animo domini*,
et non pas une possession précaire résultat d'une
tolérance plus ou moins longue. (Villars, *Jurisp. de
la Cour de Grenoble*, p. 615.)

La question s'est élevée de savoir si dans les pays
où le *tour d'échelle* existait comme servitude légale,
elle pourrait être réclamée aujourd'hui par le seul
fait du voisinage, et indépendamment de toute possession. Mais on décide généralement que le statut
local a été abrogé par le Code, et que l'article 691
en parlant des servitudes acquises par la possession,
qui suppose un titre le plus souvent onéreux, a exclu
par cela même celles qui ne reposaient que sur la
seule disposition d'un statut local, et qui ont dû
s'anéantir avec lui. (V. dans ce sens Carou, *des act.
poss.*, n° 196, et les auteurs qu'il cite contrairement à l'opinion de M. Aulanier, qu'il combat.)

C'est à tort également que plusieurs auteurs con-
sidèrent la servitude du *tour d'échelle* comme l'accessoire obligé du droit d'égout, par la combinaison
des articles 696 et 697. La doctrine et la jurisprudence repoussent cette opinion sur le fondement,
que tout est de rigueur en matière de servitude,
qu'on ne peut les étendre d'un cas à un autre : la
servitude d'égout et celle de *tour d'échelle* sont deux
servitudes différentes et d'une nature opposée, qui
n'ont entre elles aucune corrélation nécessaire.
(Toull., t. 3, n° 559 ; Bordeaux, 20 décembre 1836 ;
Devill., 38, 2-132 et les notes.)

Il est donc inutile aujourd'hui de rechercher quels
étaient les anciens usages en cette matière. Néanmoins dans le cas où les titres seraient muets sur
l'étendue du terrain consacré à l'exercice de l'échelage, il suffit de savoir qu'en Dauphiné on suivait

la coutume de Paris, et que la largeur du terrain affecté au *tour d'échelle* était généralement de trois pieds, sans distinction, relativement à la hauteur des maisons, et à la nature de la toiture, tuiles, ardoises, chaume, etc., sauf cependant dans le canton du Bourg-d'Oisans, où cette largeur était seulement de un pied et demi ou deux pieds, et dans les cantons de la Mure, Sassenage, Touvet, Heyrieu et Roybon, où elle se confondait avec le stillicide et se trouvait déterminée par la passée du toit.

SECTION 13. — Des servitudes militaires.

« Les servitudes établies par la loi ont pour objet l'utilité publique ou communale, ou l'utilité des particuliers. (Code Napoléon, 649.)

» Celles établies pour l'utilité publique ou communale ont pour objet le marche-pied le long des rivières navigables ou flottables; la construction ou réparation des chemins et autres ouvrages publics ou communaux. Tout ce qui concerne cette espèce de servitude est déterminé par des lois ou des règlements particuliers. (Code Napoléon, 650.)

Au nombre des servitudes imposées pour l'utilité publique, il faut comprendre les servitudes militaires établies pour la défense des places de guerre et postes militaires.

Avant 1851, la création et le classement des places de guerre avaient lieu au moyen d'un simple acte du pouvoir exécutif, et les servitudes qui en résultaient pour les terrains adjacents n'étaient plus le fait de la loi, mais d'une simple ordonnance. Cet état de choses a cessé depuis la loi du 10 juillet 1851, relative au classement des places de guerre et aux servitudes militaires.

Cette loi pose en principe général qu'aucune construction de nouvelles places de guerre ou de nouvelles enceintes fortifiées et nulle suppression ou démolition de celles qui existent ne pourront être ordonnées, qu'après l'avis d'une commission de défense et en vertu d'une loi, et décide qu'un règlement d'administration publique réunira et coordonnera dans leur ensemble toutes les dispositions des lois concernant les servitudes imposées à la propriété autour des fortifications, et précisera les mesures d'exécution.

Le décret du 10 août 1853 rendu en exécution de cette loi a classé les places de guerre et postes militaires dans un tableau annexé à ce décret et divisé en deux séries.

Le département de l'Isère, placé dans la 6e division militaire, dont le chef-lieu est à Lyon, ne comprend que deux places classées dans la première série.

Ce sont : 1° Grenoble (le classement s'applique à tous les ouvrages de la Bastille, de Rabot et du jardin Dole); 2° le fort Barraux (ce classement s'applique à l'ouvrage 39. La lunette 40 en terre ne portera pas servitudes, non plus que les ouvrages ébauchés ou en ruines du camp retranché.)

Pour l'application des servitudes militaires, les terrains environnant les places de guerre sont divisés en trois zônes, commençant toutes aux fortifications, et s'étendant respectivement aux distances de 250 mètres, 487 mètres et 974 mètres pour les places de guerre.

Dans la première zône, il ne peut être fait aucune construction de quelque nature qu'elle puisse être, à l'exception toutefois de clôtures en haies sèches ou en planches à claire voie, sans pans de bois ni maçonnerie, lesquelles peuvent être établies librement. Les haies vives et les plantations d'arbres ou d'arbustes formant haies sont spécialement interdites dans cette zône. (Art. 7.)

Au delà de la première zône jusqu'à la limite de la deuxième, il est également interdit autour des places de la première série d'exécuter aucune construction quelconque en maçonnerie ou en pisé. Mais il est permis d'élever des constructions en bois et en terre, sans y employer de pierres ni de briques, même de chaux ni de plâtre, autrement qu'en crépissage, et à la charge de les démolir immédiatement, et d'enlever les décombres et matériaux, sans indemnité, à la première réquisition de l'autorité militaire, dans le cas où la place déclarée en état de guerre serait menacée d'hostilités. (Art. 8.)

Dans la troisième zône de servitudes, il ne peut être fait aucun chemin, levée ni chaussée, exhaussement, fouille, exploitation de carrière, construction au-dessous du niveau du sol avec ou sans maçonnerie, enfin aucun dépôt de matériaux ou autres objets, sans que leur alignement ou leur position n'aient été concertés avec les officiers du Génie, et que, d'après ce concert, le Ministre de la Guerre n'ait déterminé ou fait déterminer par un décret les conditions auxquelles les travaux doivent être assujettis dans chaque cas particulier, afin de concilier les intérêts de la défense avec ceux de l'industrie, de l'agriculture et du commerce.

Le décret règle ensuite les servitudes concernant les constructions existantes, l'entretien des bâtisses en bois, bois et terre et maçonnerie, les travaux qui par exception peuvent être exécutés dans les zônes de servitudes, et notamment les cheminées ordinaires en briques ou en moëllons dans les pignons et les refends des bâtiments construits en bois ou en bois et terre, pourvu que la largeur de la maçonnerie n'excède pas $1^{m}50$ pour chaque pignon et chaque refend, et qu'on se conforme en outre *aux usages locaux*, tant pour les dimensions que pour la nature des matériaux. La largeur de $1^{m}50$ doit s'entendre de celle du corps de cheminée comprenant plusieurs tuyaux réunis au-dessus du toit, dimension qui est variable suivant que le vide du tuyau doit ou non permettre l'introduction du ramoneur. La nature des matériaux à employer est, à Grenoble, la brique ordinaire, de 10 à 15 centimètres d'épaisseur, posée à plat.

Le décret règle enfin les servitudes relatives à la rue Militaire, dans l'intérieur de l'enceinte fortifiée, la forme des déclarations ou soumissions à faire dans les cas prévus par le décret, les dépossessions, démolitions et indemnités, et la répression des contraventions, qui sont constatées par les gardes du Génie et justiciables des Conseils de Préfecture.

Une loi du 22 juin 1854 établit les servitudes autour des magasins à poudre de la guerre et de la marine, et décide qu'à l'avenir il ne pourra être élevé à une distance moindre de 25 mètres des murs d'enceinte de ces magasins, aucune construction de nature quelconque, autre que des murs de clôture. Sont également prohibés dans la même étendue, l'établissement des conduits de becs de gaz, de clôtures en bois et en haies sèches, les emmagasinements et dépôts de bois, fourrages et matières combustibles, et les plantations d'arbres de haute tige.

CHAPITRE IV.

DES CONVENTIONS EN GÉNÉRAL.

« Les conventions obligent non-seulement à ce qui y est
» exprimé, mais encore à toutes les suites, que l'équité, l'u-
» sage ou la loi donnent à l'obligation d'après sa nature.
» (Code Napoléon, art. 1135.)

» On doit,, dans les conventions, rechercher quelle a été la
» commune intention des parties contractantes plutôt que de
» s'arrêter au sens littéral des termes. (1156).

» Ce qui est ambigu s'interprète par ce qui est d'usage
» dans le pays où le contrat est passé. (1159).

» On doit suppléer dans les contrats, les clauses qui y sont
» d'usage, quoiqu'elles n'y soient pas exprimées. (1160.)

Ces dispositions de la loi placées parmi les règles
générales des obligations et de l'interprétation des
conventions, peuvent rendre utile un examen som-

maire des clauses principales des contrats usuels, et
de quelques contrats particuliers, que les usages de
certaines localités ont introduit dans la pratique.
Cet examen est surtout nécessaire pour les anciens
contrats tombés en désuétude, mais qui peuvent
être produits encore aujourd'hui devant les Tribunaux, pour servir de fondement à des droits liti-
gieux. A notre époque, la variété si multiple des
conventions privées, qui n'a d'autres limites que
l'intérêt public ou les bonnes mœurs, ne permet
pas de s'étendre beaucoup sur ce sujet, et d'ailleurs
l'expérience plus grande et l'intelligence pratique
des fonctionnaires publics, préposés à la réception
des actes, tendent journellement à faire disparaître
ces ambiguités de style, ces obscurités de rédaction,
qui déparaient autrefois quelques actes notariés et
nécessitaient une interprétation judiciaire.

Aussi est-ce principalement le droit local ancien
et les contrats ou stipulations, dont les conséquences
peuvent être encore appréciés par les Tribunaux,
qu'il sera utile de reproduire sommairement avec
leur caractère et leurs effets propres.

Lorsque le dauphin Humbert II fit la cession de
ses états au roi de France (1), une des conditions
expresses de cette cession fut le maintien des franchises et des libertés mentionnées dans le statut

---

(1) Pour le temps antérieur on peut consulter le discours de
Valbonnais *sur la justice et de quelle manière elle était exercée dans
les états du dauphin. (Hist. du Dauphiné, 1, 8.)*

delphinal du 14 mars 1349, donné le même jour que le dernier traité, qui consacrait la réunion définitive du Dauphiné (1) à la France, et confirmé ensuite à Romans le 30 du même mois. Le statut delphinal est devenu ainsi le fondement du droit local de l'ancienne province de Dauphiné, jusqu'au moment où l'unité nationale sortit définitivement

---

(1) L'étymologie véritable des mots *Dauphin*, *Dauphiné* est très-incertaine; on peut voir à ce sujet une dissertation de M. Pierquin, insérée dans la *Revue du Dauphiné*, tom. 6., p. 52, dans laquelle il essaie de démontrer que le mot Dauphiné n'est que la traduction grecque du mot gaulois *allobrogie* (*all* grand, élevé; *bro* ou *brox*, existence, nourriture, animal) et le dauphin a été la traduction hiéroglyphique ou symbolique de ce mot. Eusèbe Salverte, dans son essai historique et philosophique sur les noms d'hommes, de peuple et de lieux, in-8°, t. 1, pag. 411 à 415, explique cette étymologie par le mot celtique *Dalfa*, lieu resserré, enclos, entouré, et il cite le Dauphiné d'Auvergne, Mont Dauphin (*a*) près d'Embrun, qui se trouvent dans des circonstances locales identiques, et l'emblème est ensuite né du titre. D'après Salvaing de Boissieu, « les anciens comtes d'Albon et du Graisivaudan prirent le nom de dauphins en mémoire de l'un d'eux (Guigues VIII, fils de Guigues le Gras), qui reçut au baptême celui de Dauphin, environ l'an 1130 et qui pourtant ne laissa pas de s'appeler aussi Guigues, comme ses prédécesseurs, suivant la coutume de ce temps-là parmi les grands, qui portaient souvent deux noms, l'un qui leur était propre et particulier, et l'autre en mémoire de leurs ancêtres, dont il se trouve de fréquents exemples dans l'histoire du moyen âge, et de ce nom

---

(*a*) Cette citation est le résultat d'une erreur complète. Car Mont Dauphin, situé commune d'Eyglière, est un fort bâti après l'invasion du prince de Savoie Carignan en 1692. Ce nom n'existait pas même avant cette époque, et ce nouveau fort fut baptisé du nom du dauphin de France.

de la révolution de 1789. Le statut avait aboli la
confiscation des biens, si ce n'est pour crime d'hé-
résie, de lèse-majesté et autres cas semblables ; il
proclamait la liberté dans les mariages, le principe
de l'indemnité due aux citoyens pour les munitions
de guerre qu'ils fournissaient et le logement des
troupes, le respect des droits acquis aux tiers lors
de l'établissement par les seigneurs des moulins et
autres usines, et il contenait une clause expresse
de confirmation des libertés et franchises accordées
aux villes et aux particuliers, et des bons us et
coutumes et priviléges du Dauphiné, lesquels avaient

---

de baptême, il s'en est fait un de maison, ni plus ni moins que
celle des dauphins d'Auvergne ; finalement, du nom de maison, il
s'en est fait un de dignité. Les frères du dauphin qui n'avaient pas
de part à la principauté n'ont pas cessé de porter le même nom,
mais au génitif, pour désigner leur maison, au lieu que les dauphins
le portaient au nominatif. Ainsi Guy, dauphin, baron de Montauban,
frère de Jean II, dauphin de Viennois est nommé Guido Delphini,
dans les patentes données à Thèbes au mois d'avril 1314, par
lesquelles on l'investit du royaume de Salonice. (*De l'Usage des
Fiefs*, t. 1, pag. 13 et 14.) » On peut voir également diverses opinions sur l'origine du mot dauphin, dans Chorier, *Histoire du
Dauphiné*, t. 1, p. 780. Cet auteur pense que le dauphin était
l'emblème de guerre d'un ancien comte d'Albon. Ces explications
sont très-hypothétiques, et l'on est assez généralement d'accord
que la véritable origine de cette désignation particulière n'est pas
bien connue. Il est plus naturel de penser que le mot dauphin a
été primitivement un surnom donné au seigneur suzerain du pays,
à cause de l'image du poisson qu'il avait choisi pour emblème de
ses armoiries par pure fantaisie, et que le surnom est passé à ses
successeurs, qui l'ont gardé comme un titre distinctif et particulier
de leur puissance.

trait principalement aux rapports des seigneurs avec le dauphin, pour le ban et l'arrière-ban de guerre, aux droits qu'avaient ceux-ci de bâtir des maisons fortes, de disposer de leurs fiefs comme biens patrimoniaux, de chasser, etc., à la décharge en faveur des taillables de toutes tailles, qui ne regarderaient pas l'utilité ou la nécessité publique des lieux de leur habitation, et à l'abandon de tout le droit de main-morte que le dauphin avait sur les barons et seigneurs ses vassaux, à la charge qu'ils en exempteraient de même les justiciables et emphytéotes (1).

C'est par suite de ce privilége qu'a eu le Dauphiné de se régir par des lois propres et spéciales, que Dumoulin prononce que le Dauphiné n'est pas du royaume : *non est de regno nec legibus et consuetudinibus regni regitur, licet regni inseparabiliter accedat.* (Dum., tom. 1, tit. 1, n° 113.) Voir également Chorier, *Etat polit.*, tom. 1, p. 51.)

Une des conséquences de ce principe fondamental était la défense d'enlever les habitants de la province à leurs juges naturels. Le roi Philippe de Valois l'a reconnu dans le traité de 1343. (V. la déclaration du 2 août 1544 et l'article 25 de l'ordonnance d'Abbeville, et les arrêts du Parlement des 27 août 1757 et 31 mai 1758, rapportés dans le recueil de Giroud, tom. 23, n°s 52 et 55, et tom. 26, n° 118.)

Un autre principe plus important encore avait

_____

(1) Voir le dict. de Guy-Allard.

admis que le Dauphiné était pays de franc-alleu, et que, par suite, les fonds et héritages situés dans cette province étaient exempts d'hommages, droits de lods et ventes et autres servitudes, s'il n'y avait titre au contraire, dont la preuve était rejetée sur celui qui prétendait la sujétion.

Ce principe, suivant les anciens auteurs, était basé sur l'article 8 au *Dig. de censibus*, qui rangeait le Dauphiné parmi les provinces italiques (1). « *Ibi lugdunenses Galli, etiam Viennenses in Narbonesi juris italici sunt.* » Indépendamment de cette circonstance, il faut également reconnaître l'influence de la protection ecclésiastique qui s'était inspirée aussi de la tradition des lois romaines et des préceptes de la morale chrétienne. L'évêque Isarn ayant chassé en 965 les Sarrazins ou Maures d'Espagne, distribua les terres conquises aux seigneurs qu'il avait appelés sous sa bannière, et se trouva ainsi investi d'une autorité temporelle, souveraine; et jusqu'en 1044 où l'on place l'avènement des comtes d'Albon comme dauphins, Grenoble, disent les chro-

---

(1) Le Droit italique, *Jus italicum*, avait pour conséquence 1° que les immeubles compris dans le territoire de ces villes étaient assimilés au sol italique, et par suite susceptibles de mancipation, d'usucapion, en un mot du domaine quiritaire, tandis qu'on ne pouvait avoir sur le sol provincial que la propriété prétorienne; 2° l'organisation municipale y était complète et les magistrats municipaux y exerçaient une certaine juridiction comme en Italie. Lyon, Vienne et Cologne jouissaient du droit italique. (*Klimrath, Travaux sur l'Hist. du Droit français*, t. 1, p. 219.)

niques avait toujours été un franc-alleu de l'évêque,
qui conserva depuis le titre de prince de Grenoble (1). Le principe de l'allodialité des biens avait
été confirmé par lettres-patentes de Henri II, du
15 janvier 1555; (Rec. de Giroud, tom. 26, n° 118.)
un édit du mois d'octobre 1648 (*id.* tom. 1, p. 243)
et les arrêts du Parlement des 16 décembre 1649
et 27 novembre 1653 (*ibid.*)

L'arrêt de règlement du 16 décembre 1649, qui
a conservé une grande valeur historique, était ainsi
conçu :

« La Cour, de l'avis des chambres, déclare les
fonds et héritages assis en Dauphiné, censes et autres droits de quelque nature qu'ils soient, être
francs et allodiaux de leur nature, et en conséquence exempts d'hommages, lods et ventes et autres servitudes, s'il n'y a titre au contraire ou possession équivalente à titre, sans toutefois que les
ecclésiastiques et hauts justiciers soient obligés de
produire plus d'une reconnaissance, ainsi qu'il a été
usé ci-devant suivant les arrêts et règlements de la
Cour; déclare en outre toutes saisies féodales (2)
nulles et abusives et contraires à l'usage de cette

---

(1) Michelet, *Histoire de France*, t. 2, p. 75. — Guizot, *Essais sur l'Histoire de France*.

(2) La saisie féodale est la saisie du fief du vassal faite par le seigneur faute par le vassal d'avoir fait la foi et hommage au seigneur
de qui son fief relève. Ce mode d'exécution rigoureux avait pour
effet de faire perdre les fruits dans certains cas, de faire établir un
commissaire, etc. Dans les pays de droit écrit, la saisie féodale ne

province, sinon qu'autrement eût été convenu par les actes d'inféodation et d'investiture primitive : fait inhibition et défense à tous juges d'en décerner aucune commission, sauf aux seigneurs féodaux de se pourvoir par action pour l'adjudication des hommages par eux prétendus, et la déclaration du commis, à faute de leur être fait les foi et hommage dans le temps qui aura été prescrit. »

Ce qui est dit ici de l'allodialité des fonds et héritages, ne s'entend que du fief et non de la justice, qui émanait du Roi et ne pouvait jamais être allodiale. Les seigneurs hauts justiciers ne pouvaient démembrer leur droit de justice et le concéder à leurs vassaux pour le joindre et annexer à leur fief sans la permission et l'autorisation du Roi. La justice ne pouvait être de franc-alleu et exempte du droit de souveraineté, inséparable de la couronne et inhérent à la majesté royale. (Guy-Basset, t. 1, pag. 149, 150.) Sur les principes généraux et la différence des justices en haute, moyenne et basse, voir le dictionnaire de Ferrière, v° *justice*.

Il était également reconnu que la prescription centenaire était admise en Dauphiné contre le Roi, à la différence de ce qui se pratiquait dans les autres domaines du souverain. (V. déclaration de Henri II du 15 janvier 1555, recueil de Giroud, t. 26, p. 118.

---

pouvait être faite qu'après une mise en demeure et une permission de justice, et n'emportait pas de plein droit la perte des fruits au profit du saisissant. (V. Ferrière, Dict., v° *saisie féodale.*)

Le Parlement du Dauphiné a toujours maintenu avec le plus grand soin ces principes importants du droit particulier de la Province, et en 1780 encore lorsque parut un mémoire du procureur général de la chambre des comptes (1), à l'occasion du procès relatif à la concession de la forêt de Bièvres, le Parlement s'émut des assertions contenues dans ce mémoire et qui avaient pour objet d'établir : que le Dauphiné faisait partie du royaume : que le droit public du royaume devait toujours l'emporter sur les coutumes et lois particulières des provinces, qui sont censées tacitement abrogées, si elles ne le sont pas expressément dès qu'elles sont contraires aux lois conservatrices des droits du Roi et aux règles de l'ordre public, et de faire décider par voie de conséquence que les terres domaniales en Dauphiné étaient inaliénables et imprescriptibles, tandis qu'il était admis au contraire que l'ancien domaine delphinal était prescriptible.

Aussi sur les conclusions fortement motivées de M. Savoie-Rollin, avocat général, le Parlement rendit le 7 septembre 1781, un arrêt ainsi conçu :

« La Cour, les chambres assemblées, ordonne que l'ordonnance d'Abbeville de 1539, la déclaration du 2 août 1544, les lettres-patentes des 15 janvier

---

(1) Mémoire et conclusions du procureur général du Roi en la chambre des comptes du Dauphiné sur la concession de la plaine, anciennement forêt de Bièvres. — *Signé* DE LA GRÉE. — Grenoble, imprimerie royale 1780.

1555, l'édit d'octobre 1558, la déclaration du 1er
février 1695, seront exécutés selon leur forme et
teneur, et en conséquence que les assertions contenues audit mémoire imprimé, depuis la page 110
jusqu'à la page 124, seront et demeureront suppri-
mées comme contraires aux actes de transport du
Dauphiné à la couronne, des années 1343, 1344
et 1349, et autres actes et déclarations confirmatives,
et aux ordonnances, lettres-patentes, édits et déclarations ci-dessus énoncés, aux franchises, libertés,
immunités, priviléges et anciennes coutumes de la
province. (Recueil de Giroud, t. 26, n° 118.) C'est
ainsi que l'influence du droit italique, la circonstance
que les seigneurs toujours en guerre avec la Savoie
avaient le plus grand intérêt à ménager leurs hommes, le statut delphinal et les diverses chartes qui
en furent la conséquence, enfin le soin que prit
constamment le Parlement de Grenoble de maintenir
les franchises et libertés de la province, amenèrent ce
résultat important que jamais en Dauphiné la féodalité ne pesa comme sur le reste de la France, et que
cette province a pu traverser pure de tout excès la
fin du dernier siècle, saluer la première le retour de
l'antique liberté sans être souillée par les crimes
commis ailleurs en son nom, et concilier en toute
occasion la tolérance à l'ardent amour de la patrie (1).

---

(1) Michelet, *Histoire de France*, t. 2, p. 75, et de Jouy
Ermite en Province, t. 3, p. 298.

Parmi les contrats translatifs de propriété figurait autrefois le contrat d'albergement (1), espèce de bail emphytéotique usité en Dauphiné et dans quelques lieux voisins.

Le bailleur ou albergateur restait propriétaire (arrêt de règlement du Parlement de Grenoble du 14 juin 1614) et conservait le domaine direct ou la directe, et le preneur ou albergataire avait le domaine utile. Ce bail était soumis à diverses conditions. Le preneur devait améliorer les biens albergés, planter, bâtir, etc., tout au moins ne pas dégrader; il pouvait transmettre son droit par vente, échange, donation ou succession; il était soumis au moment de l'entrée en jouissance à payer l'introge, en cas de mutation le droit de lods et ventes, et annuellement le cens ou cense fixée par le contrat. L'albergateur avait privilége pour ces divers droits, et devait être payé de préférence aux créanciers de l'al-

---

(1) Suivant le savant philologue F. Genin, le mot albergement et ses nombreux dérivés sortent d'une souche allemande (herberg, herbergen) qui, en traversant la basse latinité a donné aux italiens alberga et au français moderne héberger, auberge. Le sens étymologique est station, demeure, habitation. Deux formes latines l'une plus voisine du point de départ, hereberga; l'autre plus éloignée alberga se trouvent dans Ducange. v. s. Dict. h. v. Albergement signifie un bail emphytéotique dès le xiie siècle et dans des textes rédigés en Italie. Le rapport de station à bail n'est pas difficile à saisir. Celui qui jouissait de l'emphytéose pouvait se considérer comme logé à vie. Le peuple a toujours aimé ces métaphores tirées de l'idée de logement. De deux hommes qui ont une destinée pareille, il dit qu'ils sont logés à la même enseigne.

bergataire (arrêt précité); à défaut de payement, le bien tombait en commise et l'albergateur avait le droit de le reprendre pour le garder, ou pour l'alberger à un autre tenancier. Le preneur était tenu pour lui ou ses successeurs et ayants-cause, de passer au profit du propriétaire une reconnaissance des choses albergées au temps fixé par l'usage, c'est-à-dire à peu près tous les siècles. La reconnaissance devait être passée dans le château du seigneur. (Arrêt du 16 mars 1638, rapporté par Guy-Basset.)

La liberté du fonds albergé pouvait se prescrire par cent ans. (Guy-Pape, *Quest.* 416; Expilly, *Plaid.* 27, nos 17 et 18.)

Les albergements étaient passés à des particuliers isolés ou à plusieurs particuliers réunis (appelés Pariers ou communistes), ou à des communautés d'habitants. Les cantons ainsi concédés connus sous les noms divers de Mas, Mistraillies, Bourdaillies, Chenavaries, étaient abandonnés aux habitants pour les mettre en culture, ou pour leurs besoins, par les seigneurs ayant la directe, et moyennant une redevance totale, qui était ensuite répartie entre les colons ou habitants, comme les contributions publiques, et perçue de la même manière que ces dernières par des préposés ou collecteurs. (V. Mém. de MMes Bertrand et Perrard, avocats au Parlement du Dauphiné en 1788, au procès entre le duc de Villeroy et Claude Perier son acquéreur, contre la communauté d'Allemont, et le Mémoire de Me Allard,

avocat au procès des albergataires de Lans, contre
la commune de Lans.)

On peut consulter sur l'origine de l'emphytéose
dans le Droit romain, et des baux à cens dans le
Droit féodal, les différences primitives qui distin-
guèrent ces deux contrats, et l'assimilation qui en
fut faite plus tard par les feudistes, sur le démem-
brement de la propriété ainsi concédée et la division
en domaine direct ou éminent, et en domaine utile
ou quasi domaine, le précis historique très-intéres-
sant que M. Troplong a placé en tête de son *Commentaire du louage*, tom. 1, sur l'art. 1709.

Quoi qu'il en soit, depuis la loi du 17 juillet 1793,
les possesseurs à titre d'albergement sont devenus
propriétaires incommutables des terrains compris
dans leur reconnaissance seigneuriale, et ont con-
fondu sur leur tête les deux domaines direct et
utile, et la propriété des biens albergés.

La matière si importante des alluvions, réglée
aujourd'hui par l'article 556 Code Napoléon, était
dominée autrefois par le principe que le Roi, comme
successeur du dauphin et en qualité de seigneur haut
justicier, était propriétaire du lit de l'Isère et de
toutes les alluvions en dépendant, de même que les
autres seigneurs hauts justiciers de la province
étaient réputés maîtres du lit et des alluvions des
rivières non navigables coulant dans leur mande-
ment. Cette dernière prérogative fortement contestée aux seigneurs hauts justiciers français, dans le
remarquable ouvrage de M. Championnière sur les

eaux courantes (1), n'a jamais été douteuse pour
les seigneurs dauphinois, qui ont toujours puisé
leurs usages en matière de fief, dans les règles établies pour les fiefs de Lombardie, par le livre des
fiefs, et nullement dans les précédents suivis en
France. Ce qui s'explique historiquement par la
circonstance qu'au temps de l'établissement de ces
usages féodaux, le Dauphiné était considéré comme
province de l'Empire, et avait ses rapports avec
l'Italie bien plus qu'avec la France à laquelle il n'a
appartenu que beaucoup plus tard. On peut consulter sur ce point le savant *Traité de l'usage des
Fiefs,* de Salvaing de Boissieu.

Ce principe posé, il n'apparaît d'aucun acte par
lequel les Rois de France auraient restreint leurs
prérogatives sur les alluvions au profit des riverains;
il n'y a que des actes émanés de leur volonté arbi-
traire, par lesquels ils ont concédé à ceux qu'il leur
plaisait de favoriser, des portions d'alluvions plus ou
moins importantes, sanctionné des usurpations faites
à leur préjudice, imposé pour condition à ces con-
cessions le payement de certaines redevances ou la
construction de certains travaux. C'est ainsi qu'après
les recherches faites par suite de l'édit du mois de
décembre 1693, pour constater les droits du Roi
sur les îles, îlots, accroissements, etc., des rivières

---

(1) Du droit des riverains à la propriété des eaux courantes sous
l'ancien régime et le nouveau, par Championnière, 1846, in-8°.

navigables du royaume, et sur la demande des possesseurs et détenteurs des îles, îlots, et autres biens et droits de la rivière d'Isère, le Roi par une déclaration donnée à Versailles le 24 août 1694 (Giroud, t. 3, n° 149), consentit à révoquer en leur faveur son précédent édit, et à laisser les choses comme par le passé, sous l'offre qu'ils firent de payer une somme de 45,000 livres.

Ainsi encore dans un arrêt du Conseil d'Etat du 2 juillet 1780, relatif aux digues de Saint-Egrève, le Roi consentit à remettre aux riverains la propriété et jouissance des terrains occupés par le lit de l'Isère, îles, îlots, créments et atterrissements qui se trouveraient protégés par les travaux de défense, et à la condition imposée à ces propriétaires d'exécuter eux-mêmes ces travaux.

La distinction entre les alluvions et les terrains qui après avoir constitué des terres fermes et avoir appartenu aux particuliers, avaient été envahis par la rivière, se faisait au moyen de la règle généralement admise et attestée par les anciens auteurs de la province : *que la rivière n'ôte ni ne donne.* Cette règle était surtout admise lorsque le propriétaire dépossédé avait gardé motte-ferme. Elle a été appliquée quelquefois aussi, quand la propriété entière avait disparu et qu'il était possible de la retrouver au moyen du cadastre. Mais alors c'était plutôt par un sentiment d'équité que d'après les principes rigoureux du droit.

En matière de contrat de mariage, le régime dotal

avait prévalu, le Dauphiné étant pays de droit écrit, et l'une des provinces où les principes du Droit romain sur la dot s'étaient conservés avec le plus de soin. Il faut attribuer ce culte particulier pour la dotalité romaine à cette circonstance que le Dauphiné fut un des pays où la domination des Romains s'établit le plus tôt, où les lois et les institutions de ce peuple avaient jeté les racines les plus profondes, et où elles survécurent par conséquent en grande partie dans les relations privées. Depuis lors, les mœurs stationnaires du Dauphiné, qui n'avaient pas été modifiées comme dans plusieurs autres provinces, par l'influence des relations industrielles et commerciales, ont contribué à maintenir un état de choses qui, encore de nos jours, fait de l'ancienne province du Dauphiné, la terre classique du régime dotal.

Il était d'usage autrefois de stipuler en faveur de la femme un augment et des bagues et joyaux.

L'augment était un avantage fait à la femme par le mari en considération des noces, pour qu'elle en jouit en cas de survie; il devait être l'objet d'une clause expresse et restait toujours tel qu'il avait été fixé dans l'acte. Il était ordinairement du tiers de la dot pour les roturiers et de la moitié pour les nobles. (V. Bretonnier, h. v.) Par réciprocité, on stipulait un contre-augment au profit du mari.

Les bagues et joyaux constituaient un autre avantage que le mari faisait à sa femme, en considération des noces. Cet avantage n'était pas subordonné au cas de survie de la femme ; il devait être stipulé expressément ; il était ordinairement du dixième ou douzième de la dot, et à Saint-Marcellin du sixième. (Bret.)

Le régime dotal étant de droit commun en Dauphiné, tout ce qui était donné à la femme était dotal, quoiqu'on ne trouvât pas dans l'acte le mot de constitution de dot, sauf toutefois le cas où il était stipulé formellement que les biens donnés à la femme seraient paraphernaux. (V. *Jur. de la Cour de Grenoble*, par Villars, h. v.) De même, en l'absence du contrat de mariage, c'était le régime dotal qui régissait l'union des époux ; mais, dans ce cas, tous les biens de la femme étaient paraphernaux, d'après le principe posé dans un acte de notoriété du 2 septembre 1767.

La femme qui a constitué son mari son procureur général et irrévocable pour la recherche de ses droits, était réputée s'être fait par là une constitution générale de dot. (Arrêt du 17 février 1828, *Journ. de Jurisp.*, t. 4, p. 248 ; et 11 janvier 1840, *Journ.* t. 11, p. 1.)

On a jugé depuis le Code que lorsque les époux ont adopté le régime dotal, leur intention de rendre dotaux les biens présents et à venir s'induit de l'ensemble des clauses du contrat, et spécialement de la clause par laquelle la future pour la recherche et l'administration de tous ses biens présents et à venir, constitue son futur époux pour son procureur général. (Arrêts du 13 juillet 1850, *Journ.* t. 14,

p. 22, et 11 décembre 1851, *Journ.* t. 14, p. 119).

Le régime dotal est encore aujourd'hui généralement stipulé dans les contrats de mariage. Ce régime
est modifié par le pouvoir donné au mari d'aliéner
les immeubles dotaux à la charge de remploi, et
par la société d'acquêts régie par les articles 1498,
1499, Code Napoléon. Les époux se font assez généralement un don mutuel d'usufruit; l'usage s'est conservé dans la campagne de faire *un aîné*, c'est-à-
dire de donner à l'aîné par contrat de mariage la
quotité disponible. Cet usage se pratique notamment
à Goncelin, Vizille, etc.

Dans la matière des servitudes et des conventions
en général, on peut noter encore comme rentrant
dans les dispositions légales citées en tête de ce chapitre, les règles suivantes :

Les mitres sont à Grenoble une preuve que le
mur est mitoyen. (Sabatery, *Précis de la jurisprudence du Parlement de Grenoble*, p. 232.) On appelle
ainsi de petits jours ou enfoncements de forme trian-
gulaire placés sur l'une des faces du mur. Ces signes
anciens ne sont plus usités aujourd'hui, et ne se
rencontrent que dans les anciennes constructions.

Il est d'usage constant à Grenoble que le man-
dataire salarié reçoit ordinairement le cinq pour
cent des recettes, indépendamment de ses déboursés
et frais de voyage. (V. Sabatery, *idem*, p. 128.)

Dans les ventes relatives à des propriétés protégées par des digues, on stipule ordinairement, dans
le canton de Goncelin notamment, que l'acquéreur

sera chargé du payement des impôts du jour de
l'acte, sans distinction des travaux faits ou à faire.
C'est la date du rôle mis en recouvrement qui est
prise pour base du règlement, bien que les travaux
soient antérieurs : on présume que les parties ont
eu égard à l'existence de cette dette pour la fixation
du prix. A défaut de stipulation contraire, il a été
jugé par le Conseil de préfecture de l'Isère, le 10
décembre 1835 (affaire du syndicat des rives du
Drac contre Pra et Tartary), que lorsqu'il s'agit de
régler des travaux antérieurs, le précédent propriétaire doit la cotisation jusqu'au jour de la vente.

Dans le canton de Sassenage, le voiturier par eau
est tenu de préposer à la conduite du bateau un
patron et les mariniers nécessaires à la manœuvre.
Ces derniers sont payés à tant par voyage. Si le
propriétaire du bateau n'a pas mis les hommes nécessaires suivant les cas, il répond de la marchandise,
si le bateau vient à sombrer. En cas de sinistre
purement accidentel, le bateau est perdu pour le
propriétaire, et la marchandise pour l'expéditeur.

CHAPITRE V.

DU CONTRAT DE LOUAGE.

« Si le bail a été fait sans écrit, l'une des parties ne pourra
« donner congé à l'autre qu'en observant les délais fixés par
» l'usage des lieux. (Code Napoléon, art. 1736.)

» S'il a été convenu lors du bail, qu'en cas de vente, l'ac-
» quéreur pourrait expulser le fermier ou locataire, et qu'il
» n'ait été fait aucune stipulation sur les dommages et intérêts,
» le bailleur est tenu d'indemniser le fermier ou le locataire
» de la manière suivante : (*Idem*, art. 1744.)

» S'il s'agit d'une maison, appartement ou boutique, le
» bailleur paye à titre de dommages et intérêts, au locataire
» évincé, une somme égale au prix du loyer, pendant le temps
» qui, suivant l'usage des lieux, est accordé entre le congé et
» la sortie.) *Idem*, art. 1745.)

» L'acquéreur qui veut user de la faculté réservée par le
» bail d'expulser le fermier ou locataire, en cas de vente,
» est en outre tenu d'avertir le locataire au temps d'avance

158

» usité dans le lieu pour les congés; — il doit aussi avertir le
› fermier de biens ruraux au moins un an à l'avance. (*Idem*,
» art. 1748.)

› Le sous-locataire n'est tenu envers le propriétaire que
» jusqu'à concurrence du prix de sa sous-location, dont il
» peut être débiteur au moment de la saisie, et sans qu'il
» puisse opposer des payements faits par anticipation. — Les
» payements faits par le sous-locataire, soit en vertu d'une
» stipulation portée dans son bail, soit en conséquence de
» l'usage des lieux, ne sont pas réputés faits par anticipation.
» (*Idem*, art. 1753.)

» Les réparations locatives ou du menu entretien dont le
» locataire est tenu, s'il n'y a clause contraire, sont celles
» désignées comme telles par l'usage des lieux et entre autres
» les réparations à faire aux âtres, contre-cœurs, chambranles
» et tablettes de cheminées; — au recrépiment du bas des
» murailles, des appartements et autres lieux d'habitation à
» la hauteur d'un mètre; — aux pavés et carreaux des cham-
» bres, lorsqu'il y en a seulement quelques-uns de cassés; —
» aux vitres, à moins qu'elles ne soient cassées par la grêle ou
› autres accidents extraordinaires et de force majeure, dont
» le locataire ne peut être tenu; — aux portes, planchers,
» planches de cloisons ou de fermeture de boutiques, gonds,
» targettes et serrures. (*Idem*, art. 1754.)

› Le bail des meubles fournis pour garnir une maison en-
» tière, un corps de logis entier, une boutique ou tous autres
» appartements, est censé fait pour la durée ordinaire des
» baux de maisons, corps de logis, boutiques ou autres
» appartements, selon l'usage des lieux. (*Idem*, art. 1757.)

» Le bail d'un appartement meublé est censé fait à l'année,
» quand il a été fait à tant par an; — au mois, quand il a été
» fait à tant par mois; — au jour, s'il a été fait à tant par
› jour; — si rien ne constate que le bail soit fait à tant par
» an, par mois ou par jour, la location est censée faite sui-
› vant l'usage des lieux. (*Idem*, art. 1758.)

» Si le locataire d'une maison ou d'un appartement con-
» tinue sa jouissance, après l'expiration du bail par écrit,
» sans opposition de la part du bailleur, il sera censé les
» occuper aux mêmes conditions pour le terme fixé par l'u-
» sage des lieux et ne pourra plus en sortir ni en être expulsé
» qu'après un congé donné suivant le délai fixé par l'usage
» des lieux. (*Idem*, art. 1759.)

» S'il a été convenu dans le contrat de louage que le bailleur
» pourrait venir occuper la maison, il est tenu de signifier
» d'avance un congé aux époques déterminées par l'usage des
» lieux. (*Idem*, art. 1762.)

» Le fermier sortant doit laisser à celui qui lui succède dans
» la culture, les logements convenables, et autres facilités
» pour les travaux de l'année suivante; et réciproquement le
» fermier entrant doit procurer à celui qui sort, les loge-
» ments convenables et autres facilités pour la consommation
» des fourrages et pour les récoltes restant à faire; — dans
» l'un et l'autre cas, on doit se conformer à l'usage des lieux.
» (*Idem*, art. 1777.)

Le louage est un contrat par lequel une des parties s'oblige à donner à l'autre, pendant un certain temps et pour un certain prix, la jouissance d'une chose ou celle de son travail.

Les usages locaux ont toujours eu beaucoup d'empire en cette matière. Le législateur qui y renvoie expressément dans les articles ci-dessus cités, y renvoie encore implicitement dans les articles 1728, 1738, 1774, 1775 et 1776 du Code Napoléon.

Ce chapitre aura pour objet de faire connaître successivement les usages de l'Isère pour les baux proprement dits, les baux à cheptel et le louage des domestiques.

SECTION 1re. — Des règles générales aux baux à ferme et à loyer.

§ 1er. — *Durée des baux.*

La durée ordinaire des baux de maisons, appartements, magasins, etc., par bail écrit, est de trois, six, neuf ans, avec faculté de résiliation, ou clause de *repentir*, à l'expiration de la troisième ou sixième année, ou bien de quatre ou six ans avec repentir à mi-terme, dans les chefs-lieux d'arrondissement et les centres de population un peu importants du département. Dans les autres communes, elle est d'un an seulement.

Les petits appartements ou chambres seules se louent partout à l'année.

En cas de bail non écrit (1), et lorsqu'il y a lieu à tacite reconduction, les locations des maisons et appartements non garnis sont toujours présumées faites à l'année.

---

(1) Dans la pensée de la loi, un bail écrit est celui qui a été fait pour un temps déterminé, quand même il serait purement verbal. De même le bail matériellement écrit, mais qui n'a pas été fait pour un temps déterminé est un bail sans écrit. (Taulier, *Théor. du C. c.*, tom. 6, p. 249.)

Celles des appartements ou chambres meublés sont toujours censés faites au mois.

Les baux des propriétés rurales n'excèdent pas ordinairement neuf ans dans tout le département; ils sont habituellement de trois, six ou neuf ans avec repentir respectif. Dans le canton du Monestier-de-Clermont, la durée des baux à ferme n'est que d'un an, sauf dans les communes de Gresse, St-Andéol et Château-Bernard, où elle est de trois ans. Dans le canton de Villard-de-Lans, la durée moyenne est de huit ans. Dans les cantons de Vienne, Heyrieu, Meyzieu et la Verpillière, où l'assolement est biennal, elle est de deux ans.

En cas de bail non écrit, il faut suivre les sages dispositions de l'art. 1774 et fixer la durée des baux selon l'assolement usité dans la localité, ainsi qu'il sera expliqué ci-après.

§ 2. — *Entrée en jouissance.*

A Grenoble, l'entrée en jouissance des appartements, magasins, boutiques, etc., est fixée au 14 septembre, jour de la fête de l'Exaltation de la sainte Croix. Dans une ville autrefois parlementaire, les vacances des divers tribunaux qui avaient lieu comme aujourd'hui au mois de septembre, et la latitude qu'elles donnaient pour les déménagements, expliquent le choix de cette époque.

11

Dans la banlieue et en général dans l'arrondissement, l'entrée en jouissance a lieu au 1er novembre.
Elle a lieu le 24 juin à Saint-Laurent-du-Pont, et
dans le canton de Voiron, sauf Voreppe et la Buisse,
qui ont adopté le 1er novembre.

Dans l'arrondissement de Vienne, l'entrée en jouissance des appartements, magasins, etc., a lieu indistinctement à toutes les époques de l'année. Celle des
biens ruraux est fixée au 11 novembre, jour de la
fête de saint Martin, évêque.

Dans l'arrondissement de la Tour-du-Pin, les baux
commencent au 24 juin, jour de la fête de saint
Jean-Baptiste.

Saint-Marcellin a adopté la date du 1er novembre,
comme Grenoble.

§ 3. — *Payement des loyers et fermages.*

Le payement des loyers s'effectue, à Grenoble, en
deux termes égaux, à Noël et à Pâques, parce que
ce sont les deux époques, qui coïncidaient autrefois
surtout, où les produits agricoles formaient la principale ressource des habitants, avec la vente du blé
et du vin, et du chanvre teillé pendant l'hiver. Cependant depuis quelque temps, le terme de Pâques
étant assez rapproché de celui de Noël, l'usage tend
à lui substituer celui du 24 juin ou de la saint Jean,

et l'on arrivera sans doute bientôt à adopter les deux époques fixes des 1ᵉʳ janvier et 1ᵉʳ juillet.

Dans l'arrondissement, le payement des loyers et fermages a lieu habituellement le 1ᵉʳ novembre en ce qui concerne la banlieue de Grenoble, et les cantons du Bourg-d'Oisans, Clelles, Corps, Monestier, Sassenage, Villard-de-Lans (sauf pour les maisons du Bourg, à l'égard desquelles le loyer se paye le 3 mai).

Il a lieu en deux termes égaux, à Noël et à Pâques, dans les cantons de Domêne, St-Laurent-du-Pont et Vizille, et au 24 juin — 25 décembre, saint Jean et Noël, dans les cantons d'Allevard, Goncelin, Mens, Touvet, Valbonnais, Vif et Voiron, sauf la commune de Voreppe et les autres communes situées au sud et à l'ouest du canton, où le payement se fait le 1ᵉʳ mai et le 1ᵉʳ novembre.

Pour l'arrondissement de Vienne, les termes de saint Jean et saint Martin, 24 juin et 11 novembre sont usités dans les cantons de Vienne, Saint-Jean-de-Bournay et Saint-Symphorien-d'Ozon, celui du 1ᵉʳ novembre dans les cantons de Beaurepaire, la Côte-Saint-André et Roussillon, et ceux de la saint Jean et Noël, dans les cantons de Meyzieu et la Verpillière.

Il en est de même dans les divers cantons de l'arrondissement de la Tour-du-Pin.

A St-Marcellin, les loyers et fermages sont payés en deux termes, les 1ᵉʳ mai et 1ᵉʳ novembre. Dans les autres communes du canton de Saint-Marcellin, ainsi que dans les cantons de Pont-en-Royans et de

Vinay, les payements ont lieu à la saint Jean et à la Toussaint. Dans les cantons de Roybon, Tullins et Rives, ils ont lieu le 1ᵉʳ novembre en un seul terme, et à Saint-Etienne-de-Saint-Geoirs, en deux termes, Noël et Pâques.

Les payements ont toujours lieu à terme échu dans l'arrondissement de la Tour-du-Pin : le premier terme des fermages n'a lieu que dix-huit mois après l'entrée en jouissance fixée ordinairement au 24 juin.

§ 4. — Des congés.

A Grenoble, le congé des appartements, magasins, etc., doit être donné avant le 1ᵉʳ février pour sortir le 14 septembre suivant (1).

Dans tout le département en général, le congé doit être donné trois mois à l'avance pour les maisons, et six mois à l'avance pour les biens ruraux. Toutefois, il a été jugé par arrêt de la Cour du 8 décembre 1847, Journ. de jur., t. 13, p. 165, que dans la commune d'Eybens, et dans la plupart des

---

(1) Cet usage est très-ancien. « C'est une coutume à Grenoble, dit Chorier, sur Guy-Pape, p. 247, que lorsqu'il n'y a pas de contrat ou qu'il n'y a que tacite reconduction, le locataire et le conducteur peuvent se contremander, c'est-à-dire se départir du louage pourvu que cela se fasse le premier jour de l'an jusqu'à celui des Rois » ; seulement l'usage a étendu le délai primitif jusqu'au 1ᵉʳ février.

communes de la plaine de Grenoble, le congé est valablement signifié trois mois francs, avant l'époque de la sortie du fermier, bien que dans ces mêmes lieux, on le fasse signifier quelquefois six mois d'avance. Cet arrêt unique ne paraît pas de nature à former jurisprudence.

Le délai de trois mois suffit, sans distinction des maisons ou des propriétés rurales, dans les cantons d'Allevard, Clelles, Corps, Goncelin, Saint-Laurent-du-Pont, Mens, Valbonnais, Vif, Villard-de-Lans, la Verpillière, Bourgoin, Morestel, St-Geoire et Saint-Etienne-de-Saint-Geoirs.

Pour les locations au mois, le congé doit être donné quinze jours à l'avance.

A Vienne, contrairement à ce qui se pratique partout ailleurs, l'usage admet que le congé part du jour où il est donné, en sorte qu'il suffit de le donner six mois, trois mois ou quinze jours, selon qu'il s'agit de maisons ou fabriques, d'appartements simples ou de chambres, avant le jour où l'on désire les rendre libres, parce qu'il n'y a pas d'époque fixe pour l'entrée en jouissance.

A Grenoble, le congé des appartements garnis doit être donné avant le quinzième jour du mois; autrement il est d'un demi-mois en sus, et moyennant ce, le locataire peut occuper l'appartement pendant quinze jours encore après l'expiration du dernier mois; s'il sort avant, il n'a rien à réclamer. Il y a exception à cette règle à l'égard des militaires, lorsqu'ils quittent par suite d'un ordre de départ; ils ne doivent qu'en raison de l'indemnité de logement. qui leur est accordée ; ainsi s'ils partent avant le 15 du mois courant, ils ne doivent que jusqu'à ce jour ; s'ils partent après le 15, ils doivent jusqu'au 30. Lorsque le congé est donné par le propriétaire, il faut toujours qu'il ait lieu, même à l'égard des militaires, quinze jours avant celui de la sortie. Autrement, le locataire est en droit de rester encore quinze jours après l'expiration du mois, en payant proportionnellement au temps qu'il reste en sus de son mois.

§ 5. — *Des déménagements.*

A Grenoble, le mode de déménagement est réglé par un arrêté de police du 8 septembre 1834, ainsi conçu :

« Art. 1er. Les changements de location et déménagements, sauf les conventions contraires entre les parties, auront lieu cette année et à l'avenir, comme par le passé dans les deux jours qui précèdent, et les deux jours qui suivent le 14 septembre.

» Art. 2. Pendant les deux jours qui précèdent le 14 et jusqu'audit jour à midi, le locataire sortant sera tenu d'ouvrir les portes à celui qui vient prendre sa place, et de disposer les choses de manière que celui-ci puisse commencer à apporter ses meubles et à les emplacer provisoirement.

» Art. 3. Le 14 septembre à midi, le locataire sortant remettra les clefs de l'appartement au locataire entrant; mais celui-ci sera, à compter dudit jour à midi et pendant les deux jours suivants, tenu d'ouvrir les portes au locataire sortant pour qu'il puisse achever son déménagement.

» Art. 4. Le présent arrêté sera exécuté sans préjudice aux conventions particulières, qui pourront intervenir entre les parties intéressées.

» Art. 5. Il n'est rien innové à l'égard des usages existants dans la partie rurale de la commune. »

Dans les communes rurales de la banlieue de Grenoble, les changements de location ont lieu le 1er novembre; quant au mode de déménagement, il est le même que dans la ville, sauf un délai plus long et qui comprend huit jours après le 1er novembre.

L'usage n'est pas bien établi dans les autres cantons de l'arrondissement de Grenoble. Toutefois on accorde généralement trois jours, quand il s'agit de maisons, et huit jours quand il s'agit de propriétés rurales.

Ce délai est plus long dans l'arrondissement de Saint-Marcellin : on a huit jours pour les maisons; et de dix à quinze jours pour les propriétés rurales, sauf le canton de Rives.

Dans les arrondissements de Vienne et de la Tour-du-Pin, et dans le canton de Rives, l'usage n'accorde pas de délai pour la sortie du locataire ou fermier, qui doit vider les lieux le jour même de l'expiration

du bail, sauf les tempéraments accordés par les
mœurs et les relations sociales.

§ 6. — *Des réparations locatives.*

Le principe de l'obligation imposée au preneur
relativement aux réparations locatives, repose sur
cette circonstance, que le dommage, qui les a néces-
sitées, provient de sa faute, c'est-à-dire, d'un défaut
de précaution dans l'usage de la chose qui est con-
fiée à sa garde, et dans ce cas le preneur répond non
seulement de son fait personnel, mais encore du fait
de ses gens et du dommage occasionné par les animaux vicieux, qui sont sous sa garde. Mais il n'est
pas chargé des dépenses d'entretien, lorsqu'il a fait
de la chose louée un usage naturel et conforme à sa
destination, lorsque la dégradation provient du vice
de la matière, du défaut de construction, de la vétusté ou de la force majeure. (Troplong, *Louage*,
t. 2, no 585.)

Les dispositions de l'article 1754 ne sont qu'une
application de ce principe général : ces dispositions
ne sont qu'indicatives d'après les termes mêmes de
cet article, et il faut les compléter par l'analogie et
l'usage des lieux.

Pour Grenoble, il faut joindre aux objets compris
dans l'article 1754, l'entretien des jalousies des
croisées, qui est à la charge du locataire, ainsi que

le ramonage des cheminées, le balayage des cours et escaliers, l'impôt des portes et fenêtres, et le logement des gens de guerre, le tout sauf stipulations contraires.

Les réparations à faire aux chenets et foyers des cheminées sont à la charge du bailleur, quand elles sont le résultat de l'action du feu ; il en est de même des pierres à laver quand elles sont détériorées par l'usage ou brisées par l'effet de quelque fil, qui se serait trouvé dans la pierre ; la réparation serait à la charge du preneur, si elles avaient été cassées ou écornées par sa faute.

M. Troplong pense que l'engorgement des tuyaux de descente des eaux ménagères est un pur accident, dont le propriétaire est seul responsable ; il faut ajouter, ce me semble, à la condition que le locataire en aura usé conformément à leur destination et n'y aura pas jeté des immondices ou ordures, de nature à provoquer l'encombrement. Il en est de même des tuyaux de descente des lieux d'aisances, dans lesquels les locataires négligents jettent quelquefois dans nos pays, des cendres de poêle, mâchefer, débris de charbon et autres corps durs.

Les planchers en bois de sapin sont destinés à être lavés de temps à autre, tant pour la propreté que pour la salubrité des appartements, et le locataire est en droit de faire ce lavage aux époques ordinaires. Mais il sera responsable du dommage causé par un lavage trop fréquent, ou par un mode de lavage, qui aurait pour résultat de faire travailler les bois par suite d'une trop grande immersion, ou de tacher les plafonds inférieurs par un séjour trop prolongé de l'eau sur le plancher supérieur. Il en serait de même du défaut de frottage des parquets, s'ils avaient été livrés avec cette destination : car il paraît certain que le frottage est avantageux à l'entretien des parquets. On peut voir dans M. Troplong, *Louage*, t. 2, pag. 562 et suivantes, de nombreux détails sur l'application de l'article 1754.

Pour les bâtiments ruraux, les fermiers sont en général tenus des réparations locatives prescrites par l'article 1754, et de plus ils sont chargés du regotoyage des toits et de l'entretien de la toiture. Les matériaux sont fournis par le propriétaire, et charriés par le fermier, qui fournit également la main d'œuvre ; lorsque la toiture est en chaume, la paille est fournie par le fermier qui profite de l'ancienne ; ils doivent le ramonage des cheminées, le carrelage des potagers, le remplacement des réchauds cassés, et de leurs grilles brûlées. Les réparations locatives du four sont celles de l'aire, qui ordinairement est carrelée, et celles de la vente. Dans les écuries et étables, les réparations à faire sont celles de la maçonnerie des mangeoires, celles de ces mangeoires, lorsqu'elles ont été rongées, celles des rateliers et des piliers et barres servant à séparer les bestiaux. Ces diverses réparations sont dues par le locataire, lorsqu'elles ne sont pas le résultat de la vétusté ou le fait du propriétaire.

Quant au mobilier de la ferme, il doit être entretenu et rendu en l'état où il a été pris, sauf l'usage.

Relativement aux terres, le fermier doit entretenir les fossés et canaux d'arrosage et de desséchement, élaguer les haies, maintenir les clôtures, entretenir les chemins, planter les arbres fournis par le propriétaire, à la place de ceux qui viennent à périr, fournir les armements pour l'entretien des vignes seulement.

La clause de charroi pour les matériaux destinés aux réparations de la ferme et pour les objets composant la réserve du bailleur est ordinairement stipulée dans les baux, et peut être suppléée, suivant les cas, en cas d'omission ou de bail non écrit.

SECTION 2. — Des règles particulières aux baux à ferme.

§ 1er. — *Des assolements.*

L'assolement ou l'art de faire alterner les objets de culture est fondé sur cette observation pratique qu'il ne faut pas semer plusieurs fois de suite la même nature de plantes dans le même terrain, observation que le célèbre agriculteur Olivier de Serres avait traduite par cet axiôme : *la terre se délecte en la mutation des semences.*

Il est nécessaire de connaître l'assolement suivi dans une localité et les diverses rotations de culture en usage, soit pour régler la durée des baux sans écrit, et de ceux qui résultent de la tacite reconduction (Cod. Nap., art. 1774), soit pour apprécier le mode de culture du fermier ou de l'usufruitier.

Dans le département de l'Isère, l'assolement est assez varié, parce qu'on y distingue trois sortes de culture : celle des hautes montagnes; celle des montagnes moyennes et coteaux, et celle des plaines.

La plaine du Graisivaudan, l'une des plus fertiles du département, est encore fertilisée dans les environs de Grenoble, par le produit des fosses d'aisances de la ville, très-recherché des cultivateurs, et grâce à cet engrais on peut suivre sans inconvénient l'assolement suivant, le plus productif peut-être de tous ceux qui sont connus. Chanvre, trois ans de suite; gros blé; blé fin et trèfle : ce qui constitue un assolement de six ans.

Mais à part quelques terrains privilégiés, l'assolement quadriennal est le plus usité dans l'arrondissement; on y fait la rotation suivante : 1° chanvre ou récoltes sarclées; 2° gros blé; 3° trèfle; 4° blé fin après *écobuage* (1). Cette rotation est en usage

---

(1) On nomme *écobuage* l'action de brûler les terres avec les racines et mauvaises herbes qu'elles contiennent, après avoir donné un labour peu profond. L'*écobuage* est avec le plâtre, un des amendements de terrains usités dans l'Isère. L'*écobuage* se

dans les cantons de Sassenage, Touvet, Goncelin, Domêne, Vif, Allevard, Grenoble pour les terrains ordinaires, Monestier-de-Clermont pour les bons terrains, et Vizille.

Quand on ne sème pas de trèfle, on prend un second blé seulement; c'est ce qui se pratique dans les cantons de Goncelin et de Vizille.

Dans les communes de Voreppe et de la Buisse, où le sol est fertile et la culture plus intelligente que dans les autres communes du canton de Voiron, la rotation ci-dessus est assez généralement suivie. Quelquefois, après une récolte fumée et sarclée, on prend un gros blé, ensuite un blé ordinaire, trèfle, blé, etc.; ce qui fait une rotation quinquennale. Dans les autres communes du canton de Voiron, on récolte du froment deux ans de suite, ensuite du trèfle, puis encore du froment et enfin du seigle, de l'avoine, ou des récoltes sarclées. On supprime quelquefois le trèfle, et on fume plus d'une fois en cinq ans.

L'assolement triennal qui consiste à récolter deux années de suite des céréales, et la troisième des récoltes sarclées ou légumes est usité dans la plaine du Bourg-d'Oisans, dans les bonnes terres du canton

pratique de la manière suivante : les terres contenant les racines et mauvaises herbes sont réunies sur le sol en petits tas appelés *fourneaux;* on y met le feu au moyen d'un paquet de sarments de vigne et de quelques chènevottes placées à sa base; tout se consume lentement et les *fourneaux* conservent leur chaleur pendant plusieurs jours.

du Villard-de-Lans, dans les cantons de Corps, Clelles, St-Laurent-du-Pont, la Mure, et Monestier-de-Clermont pour les terres médiocres.

La rotation de trois ans est encore usitée dans la partie montagneuse du canton de Domêne, où l'on récolte successivement du froment, du seigle et de l'avoine, et dans celle du canton de Vizille, où l'on récolte du blé deux ans de suite, et la troisième année, du trèfle ou esparcette, vulgairement *jaillet*, pour faire une prairie artificielle, qui reste deux ou trois ans, et est ensuite rompue.

A Mens, au Villard-de-Lans, au Valbonnais, pays de montagne, et dans ce qu'on appelle les terres d'îles du canton de Goncelin, on est obligé de fumer tous les deux ans, et il faut deux ou trois ans d'intervalle pour récolter le blé ou le seigle, suivant que le terrain est bon ou mauvais; un an pour récolter l'avoine et l'orge, le foin et le refoin, et le chanvre, etc.

La jachère est à peu près inconnue dans le département de l'Isère, sauf quelques localités élevées, où elle est à peu près forcée à cause de la rigueur du climat, telles que certaines communes du canton du Bourg-d'Oisans (1), Saint-Christophe, Venosc,

_____

(1) Dans le canton du Bourg-d'Oisans, et quelques localités environnantes, la rigueur du climat ne permet aux habitants de s'occuper de la culture des terres que pendant une faible partie de l'année. Dès lors, les habitants s'expatrient ordinairement pendant la mauvaise saison pour se répandre dans les diverses parties de la

les parties élevées du canton de Corps et du Monestier, notamment dans les communes de Gresse, Saint-
Andéol et Château-Bernard, où les terres sont cul-
tivées en trois soles ou raies, suivant l'expression
du pays, dont une laissée en jachère. Dans les terres de coteau du canton de Sassenage, on laisse reposer la terre tous les deux ans, sauf que dans la
partie non ensemencée en froment, on prend des
récoltes de pois, choux et légumes de toute espè-
pèce.

Dans l'arrondissement de Vienne, l'assolement est

France et même dans les pays lointains, principalement comme
marchands colporteurs, fleuristes, etc.; c'est ce qu'on appelle *aller
au commerce*, et il est d'usage au Tribunal de Grenoble, de fonder
sur cette circonstance des demandes de renvoi de causes et autres
formalités judiciaires. C'est principalement aux habitants de ces
contrées, qui par leur séjour dans les villes, leurs voyages et les
moyens qu'ils ont de s'instruire, parviennent à développer leur
intelligence et appliquent leur esprit à la défense de leurs intérêts
matériels, qu'il faut appliquer les réflexions suivantes de Champollion-
Figeac : « On trouve, dit-il, dans les habitudes du langage des
dauphinois des traces singulières de leur viel esprit processif. Les
propriétaires qui jouissent de quelque aisance parlent le français
d'une manière assez intelligible, mais ils y mêlent souvent les
termes de l'ancienne pratique, que le barreau n'ose pas encore
abandonner. Avant la révolution, quand les enfants avaient passé
un an ou deux chez un procureur, à mettre au net des exploits et
des appointements, leur éducation était faite et ils retournaient à
la charrue. » (*Patois du Dauphiné*, p. 67.) Ces observations conservent en grande partie leur force encore aujourd'hui, et il est
remarquable, relativement aux autres départements, combien le
langage judiciaire est familier aux habitants de la campagne même
les moins intelligents.

combiné de telle sorte que la moitié des terres est
ensemencée en grosse récolte de céréales; le surplus porte la récolte du printemps et doit recevoir
la grosse récolte de l'année suivante, avec ceux des
fonds qui peuvent en porter une seconde.

Cependant cette seconde récolte est interdite
en général surtout pour l'année de l'expiration du
bail; les terres d'une exploitation sont ainsi divisées en deux soles ou saisons : une sole tous les
ans est ensemencée en blé, et dans l'intervalle des
récoltes en céréales, on met des récoltes sarclées ou plantes fourragères; dans les mauvais terrains, le froment est quelquefois remplacé par le
seigle.

Dans l'arrondissement de la Tour-du-Pin, l'assolement varie d'après la nature plus ou moins riche
des terres; on ne fait de jachères que dans les mauvais sols; après avoir fumé on sème des maïs,
pommes de terre, haricots et autres récoltes sarclées, chanvre, millet, même parfois de l'avoine :
après ces récoltes on sème du froment, et après le
froment du seigle, quelquefois de l'orge ou de l'a-
voine. Ce mode de culture est le plus usité, mais il
n'est pas le seul; beaucoup de cultivateurs y déro-
gent, soit en semant de l'orge ou de l'avoine, après
avoir fumé au printemps, soit en fumant aux mois
d'août, septembre et octobre, les terres dans lesquelles ils ont récolté de l'avoine et en semant du
froment sur ce fumier, soit de toute autre manière.
Il arrive assez souvent que dans les récoltes en

herbes, soit de froment, soit de seigle ou orge, on sème au printemps de la graine de trèfle, qui ne se récolte que l'année suivante. Après l'avoir fauché deux fois, on sème encore du froment, et successivement du seigle et de l'avoine sans aucun nouvel engrais. Les champs de luzerne durent sept, huit, neuf et dix ans, selon la nature du sol; lorsqu'elle a cessé de produire ou que les récoltes ont sensiblement diminué, on laboure pour semer du froment, puis du seigle ou de l'avoine, le tout sans engrais, attendu que la racine de la luzerne pivotant dans le sol, ne tire pas sa subsistance de la superficie, que la plante engraisse au contraire par la grande quantité de feuilles qu'elle y répand chaque année.

Dans l'arrondissement de Saint-Marcellin, l'assolement est biennal, et basé sur la culture du blé, principal produit du pays; le froment est récolté en général tous les deux ans, et, dans l'intervalle, on sème du trèfle, du chanvre, des pommes de terre, haricots et autres menues récoltes.

§ 2. — *Du chargé.*

Les bestiaux, semences et outils aratoires, nécessaires à l'exploitation du domaine affermé sont fournis tantôt par le fermier, tantôt par le propriétaire, tantôt par le fermier et le propriétaire tout à la fois. Dans ces deux dernières hypothèses, l'état et la valeur du cheptel donné par le propriétaire au fermier

12

est constaté par un acte qu'on appelle *chargé*. L'u-
sage du département relativement aux conséquences
du chargé est conforme aux règles tracées par le
Code Napoléon, article 1821 et suivants, et le fermier est tenu de rendre à sa sortie un cheptel de
valeur égale à celui qu'il a reçu. On ne pourrait,
suivant la doctrine d'un arrêt de la Cour de Grenoble du 9 juillet 1814, *Journal de Jurisprudence*,
t. 2, p. 413, contraindre le fermier à laisser un
nombre de bestiaux égal à celui qu'il a reçu en
entrant, mais seulement des bestiaux d'une valeur
égale au montant de l'estimation.

On devrait décider également, en l'absence du bail
écrit, que les bestiaux et instruments d'agriculture
qui garnissent un domaine, sont présumés appartenir
au propriétaire, parce que dans l'usage ordinaire,
c'est ce dernier qui les remet au preneur à titre de
cheptel, et que, d'après les dispositions de l'article
1822 Code Napoléon, l'estimation de ces objets n'en
transfère pas la propriété au preneur. (Cour de
Grenoble, arrêt du 1er juin 1832, *Journal de Jurisprudence*, t. 6, p. 110.)

§ 3. — *Transition d'un bail à un autre.*

Les moyens en usage, d'après les prévisions de
l'article 1777, Code Napoléon, pour ménager la
transition d'un bail qui finit à un bail qui commence,
varient suivant les diverses localités.

Dans l'arrondissement de Grenoble, il faut distinguer les cantons où les baux commencent au 1er novembre, c'est le plus grand nombre. Dans ces cantons, le fermier entrant peut préparer et ensemencer les terres avant l'entrée en jouissance effective, et quand les récoltes sont levées en *temps dû*, c'est-à-dire fin septembre, ou commencement d'octobre au moins pour les récoltes hivernales; mais il ne peut y faire paître ses bestiaux que du jour de son entrée dans la ferme, et il doit souffrir de son côté que le fermier sortant vienne achever de ramasser et enlever les récoltes qui n'avaient pu être entièrement recueillies avant l'époque de sa sortie, telles que celles des pommes de terre tardives. A l'égard des récoltes en vin, il est d'usage, notamment dans les environs de Grenoble, que le fermier sortant peut les laisser dans les caves et tonneaux de la ferme jusqu'aux approches de la récolte suivante; mais les clefs des caves n'en doivent pas moins être remises au fermier entrant, et on doit également lui laisser l'espace et les tonneaux suffisants pour contenir le vin qui lui est nécessaire pour son usage pendant l'année.

Dans les cantons de St-Laurent-du-Pont et Voiron (sauf Voreppe et la Buisse), où les baux commencent au 24 juin, le fermier sortant peut semer et ne manque pas de semer jusqu'à la veille de la saint Jean. Le fermier entrant prend possession des bâtiments, que le fermier sortant doit lui laisser, à l'exception de la partie rigoureusement nécessaire pour engranger ultérieurement ses récoltes et les battre; le fermier sortant a droit aussi à une portion de logement, où il convient qu'il reste pour surveiller ses intérêts; le fermier entrant fait faucher les prés, auxquels le fermier sortant n'a pas dû toucher, et travaille les terres au fur et à mesure qu'elles sont dépouillées. Quant aux produits spontanés de la ferme, tels que vin, noix, etc., ils appartiennent au fermier entrant; le sortant a dû tailler et attacher les vignes.

Ces usages s'appliquent aussi à l'arrondissement de Saint-Marcellin.

Dans l'arrondissement de Vienne, le fermier sortant, quittant la ferme ordinairement du 1er au 11 novembre, ensemence toute la partie du terrain destinée à recevoir la grosse récolte, et doit profiter de moitié des grains qu'elle produira, semence et fanage prélevés. Le fermier entrant ne peut préparer les terres, et y mener paître ses bestiaux que du jour de l'entrée en jouissance.

Si le fermier nouveau entre à la saint Jean, comme cela se pratique dans certains cas dans les cantons de la Verpillière et de Saint-Jean-de-Bournay, il n'a que les fourrages rentrés et ceux qui restent à couper. Le fermier sortant doit, dans ce cas, faire deux labours aux terres qu'il faudra ensemencer plus tard, et le fermier entrant doit charrier, ou du moins prêter les bestiaux pour charrier ses récoltes, qui sont momentanément placées dans les bâtiments du domaine pour y être battues et vannées par les hommes du fermier sortant; les pailles appartiennent au fermier entrant, qui les rendra à son tour à sa sortie.

Dans l'arrondissement de la Tour-du-Pin, où les baux commencent à la saint Jean, les mêmes usages sont suivis, sauf cependant que le fermier sortant ne doit point de labours; le fermier entrant prend possession des terres du domaine, au fur et à mesure de la levée des récoltes, et peut les préparer; il sème du sarrazin, des raves, des fourrages d'automne, et peut planter des pommes de terre, utilisant pour cette plantation les fumiers qu'il trouve dans la ferme; il peut également semer au printemps des foins artificiels dans les récoltes du fermier sortant, faire le jardin dès le mois de mars, arroser les prés, etc.; il fait paître les bestiaux attachés à la ferme dans les terres dont on a fait la récolte; si les bestiaux appartiennent au fermier sortant, celui-ci les fait paître sur le domaine jusqu'à l'entière rentrée des récoltes, et ceux du fermier entrant qui n'aurait pas de récoltes à faire sur un autre domaine paissent également sur la ferme, afin qu'il n'y ait pas de temps perdu pour la préparation des terres.

L'état des lieux n'est pas généralement usité; mais on dresse ordinairement un chargé relatif aux objets mobiliers, attraits d'agriculture, fourrages, pailles et semences données au fermier. Il est de principe que le fermier doit laisser les terres dans l'état où il les a prises, et rendre la même quantité de fourrages, pailles, engrais, etc., que celle qu'il a reçue. Toutefois, à Saint-Geoire, un usage spécial veut que le fermier, qui n'a pas eu la paille en entrant, la laisse néanmoins quand il sort au bout de trois ans de jouissance ou davantage. A la fin du bail, le propriétaire et le fermier s'indemnisent respectivement de l'accroissement ou du déficit constaté dans les objets laissés, et ils s'en remettent ordinairement pour cette appréciation, en cas de désaccord, à la décision d'un ou trois arbitres. Souvent le même chargé sert pour une série successive de baux, et les fermiers s'entendent entre eux pour se tenir compte des différences.

SECTION 3. — Des baux à moitié fruits (1).

Le bail à moitié fruits est celui dans lequel le fermage est acquitté au moyen du prélèvement par le propriétaire d'une quote-part en nature des fruits de l'immeuble affermé. Il faut bien distinguer ce bail de celui où le prix est stipulé payable en denrées; dans ce cas, les fruits sont des fruits civils, comme le prix qu'ils représentent; dans le bail à

---

(1) Il arrive assez habituellement que dans un bail ordinaire à prix d'argent, le preneur se réserve quelques fruits et denrées à son usage sous le nom de *Drolées*. On ne doit entendre par là que les menues denrées fournies au propriétaire en sus du prix, telles que beurre, œufs, volailles, porc, fruits, etc. Ce mot ne peut

moitié, au contraire, ils conservent leur qualité de
fruits naturels, parce qu'ils sont recueillis directement par le propriétaire ou bailleur pour la part
lui revenant; par conséquent le bail à moitié fruits
est une espèce de société dans laquelle l'un apporte
son capital, et l'autre son industrie, et qui devrait
être beaucoup plus fréquent, si la bonne foi pré-
sidait toujours aux rapports des deux associés. Mais
les difficultés naissant de ces rapports journaliers
entre le propriétaire et le colon partiaire ont jeté
une certaine défaveur sur cette espèce de bail, et
d'un autre côté, les difficultés qu'éprouvent souvent
les fermiers à prix d'argent à acquitter leurs fermages, fait revenir au bail à portions de fruits, parce
qu'en définitive, le propriétaire préfère être payé au
moyen d'une part quelconque des produits en nature, que de n'être pas payé du tout et d'être obligé
de recourir à des voies d'exécution pénibles.

Le bail à portions de fruits n'est pas assez commun dans le département de l'Isère pour qu'il existe
à son égard des usages bien constants. Aussi les

---

s'appliquer aux grains, foins, etc. (Arrêt de la Cour de Grenoble, 5 février 1817, Villars, p. 124.) Le mot *drolées* vient de
l'allemand *Drillen, vexer*, qui a produit diverses formes dans le
latin barbare du moyen-âge *druaglia, draulia, droillia, drollia,*
etc., qu'on trouve dans Ducange; la forme française ordinaire était
drouilles. *Drolées* est resté particulier au Dauphiné : dans la jurisprudence féodale, les *drouilles* représentaient le pot de vin, les
épingles de nos marchés modernes.

règles suivantes doivent être prises moins comme des usages constants et reconnus, que comme moyen d'interpréter les clauses obscures ou ambiguës, qui pourraient se rencontrer dans cette espèce de bail, conformément à l'article 1160, Code Napoléon.

Les métayers fournissent ordinairement tout leur mobilier de ménage, et les outils aratoires.

Les bestiaux sont fournis par moitié et les profits et pertes sont partagés; il arrive quelquefois cependant que le propriétaire fournit une part plus considérable que le fermier, qui devient alors son débiteur d'autant, sans dérogation à la règle que les bestiaux sont leur propriété commune.

Le métayer n'est tenu que de l'impôt des portes et fenêtres et des prestations en nature pour les chemins vicinaux. Quelquefois cependant le fermier est tenu par une clause expresse de la moitié de l'impôt foncier. Dans le canton de la Verpillière, le fermier ne paye absolument aucun impôt, même celui des portes et fenêtres.

La condition du métayer est la même que celle du fermier ordinaire, quant aux réparations d'entretien; il doit les charrois nécessaires à cet effet.

Tous les produits sont partagés par moitié prélèvement fait des semences. Dans le canton de Tullins, on prélève encore la part en nature des *dimiers* ou *cinqueneurs* qui ont fait la récolte, de sorte que le propriétaire contribue ainsi indirectement aux frais de culture, qui restent néanmoins en principe à la charge du preneur. Il existe cependant quelques clauses spéciales quant au partage de certaines denrées, notamment du vin, des noix et des châtaignes. A Sassenage, Voiron, la Côte-Saint-André, etc., le propriétaire prend les deux tiers du vin; mais dans ce cas là, ordinairement, il fournit les bois nécessaires à l'armement de la vigne, et principalement les piquets et perches, ainsi que les osiers, sauf à les prendre sur le domaine s'il en produit; le fermier en fait la coupe, les prépare et les emploie. Dans quelques localités, Tullins, Vinay, par exemple, le propriétaire prend aussi les deux tiers des noix et châtaignes.

Les bois de débris et les émondes se partagent par égales parts; il n'en est pas de même des arbres proprement dits, qui restent toujours, morts ou vifs, la propriété du maître. Celui-ci peut les faire abattre et transporter à ses frais. Les bois ne sont pas ordinairement compris dans les baux à mi-fruits; le fermier a seulement le droit d'y couper les bois nécessaires à sa consommation, conformément aux conditions du bail.

Si le domaine ne fournit pas d'engrais suffisants, le surplus est acheté à moitié; néanmoins dans le canton *nord* de Grenoble, lorsqu'une vigne basse est affermée en particulier, c'est le fermier qui doit fournir l'engrais nécessaire pour garnir les provins.

Le métayer doit le vin cuvé et façonné, le chanvre roui et séché, et la récolte rendue à domicile, au moins quand le propriétaire habite la même commune ou les environs; quelquefois cependant, comme au Monestier-de-Clermont par exemple, les récoltes se partagent sur place.

Au Touvet, et dans certaines localités, le métayer paye pour la jouissance de son logement, une somme fixée par le bail et connue sous le nom de *Grangeage*.

SECTION 4. — Du bail à cheptel.

Le bail à cheptel proprement dit est assez rare dans le département de l'Isère, à l'exception du cheptel donné par le propriétaire au fermier, et qui est ordinairement régi par les articles 1831 et suivants, Code Napoléon.

Mais le contrat défini par l'article 1831 et improprement appelé cheptel est au contraire assez usité, particulièrement dans l'arrondissement de Grenoble, où il est connu sous le nom de *commande de bestiaux*. M. Troplong (*Hist. du Contrat de société*), dit que cette espèce de contrat a été au moyen âge l'une des premières applications de la société particulière, connue alors sous le même nom, et qui est devenu pour la dénomination et pour le fonds, l'origine de la société en commandite.

La commande de bestiaux a pour objet la remise faite par le bailleur d'un ou plusieurs animaux, bœufs, mulets, chevaux, brebis, etc., à un preneur, qui se charge de les nourrir, soigner et entretenir moyennant une somme mensuelle, qui varie suivant l'âge ou la grosseur de l'animal, le mode de nourriture stipulé en foin ou paille mêlée avec le foin ou refoin, et encore suivant que le preneur fait travailler ou non les bestiaux. Dans le canton du Villard-de-Lans, le prix varie de douze à vingt-quatre francs pour deux bœufs ou vaches. Pour les brebis, l'usage est différent; le propriétaire qui les nourrit pendant tout l'hiver garde pour indemnité de ses soins la moitié du produit de l'agneau et la totalité de la laine, qui se coupe dans le courant du mois de juin de chaque année.

Si la commande a pour objet une vache à lait, le preneur profite de ce lait, et il reçoit de plus une somme mensuelle en argent, qui varie suivant la quantité plus ou moins grande de ce lait, que la vache fournit. Si la vache met bas chez le preneur, on convient d'une somme en plus pour soigner le veau.

Dans tous les cas, le preneur profite du fumier, et la perte de l'animal est supportée en entier par le bailleur, à moins qu'elle n'ait été occasionnée par la faute du preneur, qui répond de sa faute légère. (Troplong, *Louage*, sur l'art. 1831.)

Les soins auxquels le preneur est tenu ne s'entendent que des soins ordinaires; en cas de maladie, l'animal est soigné aux frais du bailleur.

Lorsque la durée de la convention n'est pas fixée, les deux parties peuvent, quand il leur convient, faire cesser le contrat, pourvu que ce ne soit pas dans un temps inopportun, auquel cas la non exécution du contrat pourrait donner lieu à des dommages-intérêts. (*Ibid.*)

La commande est usitée principalement pour l'exploitation des montagnes non boisées. Il existe en effet dans l'arrondissement de Grenoble, et surtout dans les cantons d'Allevard, Bourg-d'Oisans, Clelles, Mens, Monestier, la Mure, Valbonnais, Villard-de-Lans, etc., des pâturages naturels sur les hautes montagnes, qui sont exploités par les propriétaires ou leurs fermiers, au moyen de troupeaux de vaches, génisses, chèvres, moutons, qui y pâturent pendant la saison d'été; les troupeaux de moutons, viennent ordinairement de la Provence, sous la conduite d'un *bayle*, ou berger-chef.

Les montagnes portent de 80 à 130 têtes de gros bétail, suivant leur grandeur. Le montagnard ou exploitant s'occupe à chercher dès la Noël chez les particuliers les bestiaux qui doivent *charger* sa montagne; il paye au propriétaire des animaux une certaine redevance en lait ou fromage, et quand les animaux ne sont pas productifs, il en reçoit au contraire une certaine somme en argent.

Voici spécialement, pour le canton d'Allevard, les conditions ordinaires des marchés :

Pour une vache à lait tendre (c'est-à-dire qui a vêlé depuis le 1er janvier), on donne vingt kilogrammes de fromage et quatre kilogrammes de beurre. Mais il faut que la vache ait produit par jour en moyenne trois kilogrammes neuf cents grammes de lait, et pour constater ce rendement moyen, on pèse le lait à trois reprises différentes : le 24 juin, le 26 juillet et le 15 août, ou bien une seule fois le 26 juillet. Cette pesée se fait toujours en présence du propriétaire de l'animal. Si la vache a moins de lait que la moyenne voulue, il est fait un rabais proportionnel sur la rétribution *ou fruit* payé au propriétaire de l'animal. Si elle en fournit plus au contraire, il n'y a pas lieu à augmentation au profit de ce dernier.

La vache à lait vieux rend la moitié moins à son propriétaire, aussi ne doit-elle fournir que la moitié du lait exigé pour la vache à lait tendre. Si elle ne fournit pas cette quantité moyenne constatée comme il est dit ci-dessus, il y a lieu également à une diminution proportionnelle dans le fruit.

Pour une chèvre, on paye une rétribution proportionnée au lait; le maximum est de dix kilogrammes de fromage sans beurre.

Pour une brebis à lait, on donne deux kilogrammes de fromage.

Le propriétaire des animaux est tenu d'aller les visiter et de donner du sel au moins trois fois durant la campagne, qui commence le 6 juin et finit le 14 septembre. Quelquefois le temps ne permet pas de monter avant la saint Jean, et il y a lieu alors de faire une diminution sur le fruit d'un quart de kilogramme de fromage par jour, et d'un dixième de livre de beurre à partir du 6 juin. Il arrive aussi que les bestiaux restent jusqu'au 21 septembre; mais le propriétaire de l'animal peut aller le chercher dès le 14, et le refus de le livrer à cette époque mettrait la perte de l'animal aux risques du preneur. Au 21 septembre, tous les troupeaux, moins les moutons, sont descendus.

Le bailleur restant propriétaire des animaux, c'est pour lui qu'ils périssent, soit en cas de maladie, soit en cas d'accident, qui ne peut être imputé à faute au gardien. Ainsi il y a des montagnes, où chaque année il se précipite une ou plusieurs vaches. La montagne où aucun animal n'a péri a seule le droit d'enrubaner les vaches, et c'est un spectacle intéressant et pittoresque de voir redescendre les troupeaux, agitant leurs sonnettes, et précédés des plus belles vaches ornées de rubans et de fleurs (1).

Quand on veut placer sur la montagne des bestiaux qui ne produisent pas, on paye au montagnard pour la saison dite *chautonnage* (temps chaud), savoir : pour un bœuf, dix francs; pour une vache, huit francs; pour une génisse de deux ans à deux et demie, six francs; pour une génisse d'un an à dix-huit mois, quatre francs; pour un mouton, un franc; pour un porc hyvernal, douze francs; pour un porc laiton, six francs; pour un cheval, quinze francs.

Le propriétaire qui envoie deux vaches à lait tendre a le droit de placer gratuitement une génisse.

---

(1) Je dois tous ces détails à l'obligeance de M. Vacher, juge de paix du canton d'Allevard.

Pour les taureaux destinés à saillir les vaches, le montagnard paye dix francs ou un demi-fruit de vache.

Il y a toujours sur chaque montagne : 1° *un suisse* chargé de toute la direction et de la distribution du fruit des vaches, dont il fixe le montant sans appel; chacun lui obéit; c'est lui qui fait le beurre et le fromage; 2° un *charasson* qui aide le suisse dans l'intérieur du châlet; 3° un commissionnaire qui apporte les produits à la ville et rapporte les provisions. Pour faire ce service, le montagnard loue un cheval, vingt francs, ou vingt kilogr. de fromage et quatre kilogr. de beurre, soit un fruit de vache, plus vingt kilogr. de *sara* (espèce de fromage, qu'on tire du petit lait), valant cinq francs environ; 4° un ou plusieurs vachers pour garder les vaches et les ramener le soir au châlet ou *habert*, qui sert d'habitation aux hommes, et autour duquel les animaux parquent pendant la nuit.

SECTION 5. — Louage des domestiques.

Les domestiques se louent sans écrit, à l'année ou sur le pied de tant par an.

Quand les domestiques sont loués à l'année, le contrat ne peut être résilié pendant sa durée de part ni d'autre, sans indemnité, que pour des causes graves, dont l'appréciation est laissée à la sagesse du juge. Si ces causes n'existent pas, il y a lieu à une indemnité, qui varie suivant les circonstances, et qui est plus ou moins forte suivant la saison, et la difficulté plus ou moins grande que le maître peut avoir à trouver un domestique, et celui-ci une bonne place.

Les domestiques employés aux travaux des champs et à une exploitation agricole sont censés loués à l'année par suite de la nécessité où on se trouve de faire à des époques déterminées des travaux, qui ne peuvent souffrir aucun retard, et pour lesquels il importe d'avoir au moment même les bras nécessaires.

Dans le département de l'Isère, les domestiques employés aux exploitations rurales sont toujours. loués à l'année; ils entrent au service dans la plus grande partie du département, le jour de la saint Jean (24 juin.)

Dans les cantons de Clelles, Corps, Mens, Monestier, la Mure et Valbonnais, représentant la partie montagneuse de l'arrondissement de Grenoble, l'année commence à la Noël (25 décembre.)

Dans le canton du Bourg-d'Oisans, elle commence le 1er mars.

Dans le canton du Villard-de-Lans, le 14 mai, parce que la saison d'hiver étant longue et rigoureuse dans ce canton, on ne peut se livrer à aucun travail de culture avant cette époque.

Le canton d'Allevard est le seul où il n'y ait rien de fixe à cet égard, parce qu'il y a peu de personnes qui aient des domestiques mâles à l'année, et que ceux-ci ne sont pas libres pour un an. En général, les manœuvres se louent pour le service des montagnes (v. ci-dessus), le travail des mines et du charbonnage.

Il y a à Montseveroux, dans le canton de Beaurepaire, et à Poliénas, dans le canton de Tullins, une foire qui a lieu le 24 juin, et où se rendent les garçons et les filles des environs, qui veulent se louer, et qu'on reconnaît à un fouet qu'ont les garçons, et à un bouquet que portent les filles; il y avait autrefois une pareille foire à Villette, commune de Saint-Laurent-du-Pont; mais elle est tombée en désuétude depuis quelques années.

Les contrats de louage de domestique sont scellés ordinairement par des arrhes ou étrennes, le plus souvent remises par le maître au domestique. L'usage des arrhes est moins général cependant dans les cantons du Bourg-d'Oisans, Sassenage, Valbonnais, Villard-de-Lans, Saint-Symphorien-d'Ozon et Vinay; l'usage est du reste conforme en cette matière aux règles de l'article 1590. En cas de dédit de la part de l'une ou de l'autre des parties, celui qui a donné les arrhes les perd, et celui qui les a reçues les double.

L'usage général autorise l'exercice de la faculté donnée par l'article 1590 jusqu'au jour de l'entrée. Mais dans les cantons de Saint-Marcellin et de Saint-Geoire, la faculté de se dédire est prorogée jusqu'à la Saint-Pierre (29 juin), et dans ce cas le domestique garde les arrhes qu'il a reçues, et qui sont censées le prix de quelques journées de travail. Les pro-

priétaires aisés renoncent habituellement au double-
ment des arrhes de la part de leurs domestiques,
qui se dédisent ; ils font rendre simplement les arrhes
données.

Les arrhes s'imputent ordinairement sur le prix
de louage ; elles sont cependant quelquefois acquises
au domestique à titre d'étrennes.

Dans certaines parties du département, et notamment dans l'arrondissement de Vienne, on est
dans l'habitude de louer des journaliers pour la
moisson et le battage des grains. Ces journaliers
qu'on appelle *dîmiers* ou *cinqueneurs* sont loués à
l'avance, et ont une espèce de droit acquis à ces
travaux, à cause de la difficulté de trouver plus tard
pareille occupation, et on pense même qu'ils con-
serveraient ce droit, si la ferme passait en mains
tierces. Lorsque le temps de la moisson est venu,
ces journaliers prélèvent pour la moisson seule, la
dixième gerbe (1), et lorsqu'ils battent le grain, ils
ont le cinquième du grain pour leur salaire. Les
journaliers ainsi retenus sont obligés de faire dans
le courant dé l'année ce qu'on appelle des journées
blanches pour le cultivateur, qui a loué leurs services. Ces journées blanches consistent à faucher les

---

(1) Cet usage est très-ancien. Suivant Chorier, sur *Guy-Pape*,
p. 33, c'était une question jugée en sens contraire, de savoir si
la dîme devait être payée avant ou après prélèvement de la gerbe du
moissonneur.

fourrages, travailler les vignes, etc., le tout jusqu'à concurrence des besoins du domaine, et sans qu'ils aient droit à autre chose qu'à la nourriture. Quelquefois cependant on stipule un modique salaire de cinquante centimes par jour, en sus de la nourriture. Ces journées blanches ne sont dues que par les cultivateurs, qui font tout à la fois la moisson et le battage des grains.

Les règles relatives aux domestiques ruraux ne sont pas applicables à ceux dont les services ont une égale importance pendant toute l'année, comme les laquais, femmes de chambre, cuisiniers et cuisinières, etc.; ils sont censés loués à tant par an et peuvent toujours quitter et être renvoyés sans indemnité.

Quand le bail est près d'expirer, on est généralement d'accord que le maître doit à l'avance et dans un délai fixé par l'usage des lieux, manifester l'intention de garder ou de congédier le domestique. A Grenoble et à Saint-Marcellin, on prévient ordinairement à Pâques les domestiques attachés au service des personnes dont le contrat expire à la saint Jean.

Pour les domestiques ruraux, le délai varie de huit jours à un mois, et quand le maître n'a pas renouvelé le bail avec son domestique, celui-ci comprend qu'il ne doit plus rester et se loue ailleurs. Le silence des parties en pareil cas équivaut à un congé, et l'on ne peut invoquer de tacite reconduction.

CHAPITRE VI.

MATIÈRES DIVERSES.

SECTION 1re. — Des frais de pavage des rues et trottoirs.

« Le Conseil d'Etat...... sur la question de savoir si dans
» toutes les communes, le pavé des rues non grandes routes,
» doit être mis à la charge des propriétaires des maisons
» qui les bordent, lorsque l'usage l'a ainsi établi, et si l'ar-
» ticle 4 de la loi du 11 frimaire an VII n'y apporte pas d'obs-
» tacle (1), estime que la loi du 11 frimaire an VII ne dis-
» tingue la partie du pavé des villes à la charge de l'Etat

----

(1) Cet article met au nombre des charges communales l'entretien du pavé pour les parties de chemin, qui ne sont pas grandes
routes.

» de celle à la charge des villes; n'a point entendu régler de
» quelle manière cette dépense serait acquittée dans chaque
» ville, et qu'on doit continuer de suivre à ce sujet *l'usage*
» établi pour chaque localité, jusqu'à ce qu'il ait été statué
» par un règlement général sur cette partie de la police pu-
» blique. — En conséquence, que dans les villes où les reve-
» nus ordinaires ne suffisent pas à l'établissement, restaura-
» tion ou entretien du pavé, les Préfets peuvent en autoriser
» la dépense à la charge des propriétaires, ainsi qu'il s'est
» pratiqué avant la loi du 11 frimaire an VII. (Avis du Conseil
» d'Etat du 25 mars 1807.)

   » Dans les rues et places, dont les plans d'alignement ont
» été arrêtés par ordonnances royales, et où, sur la demande
» des conseils municipaux, l'établissement de trottoirs sera
» reconnu d'utilité publique, la dépense de construction des
» trottoirs sera répartie entre les communes et les proprié-
» taires riverains dans les proportions et après l'accomplisse-
» ment des formalités déterminées par les articles suivants.

   » Il n'est pas dérogé aux *usages* en vertu desquels les frais
» de construction des trottoirs seraient à la charge des pro-
» priétaires riverains, soit en totalité, soit dans une propor-
» tion supérieure à la moitié de la dépense totale. (Articles
» 1 et 4 de la loi du 7 juin 1845, concernant la répartition
» des frais de construction des trottoirs.) »

Le renvoi aux usages locaux, dans l'hypothèse
prévue par l'avis du Conseil d'Etat de 1807 était
impérieusement réclamé par la raison et l'équité.
Une commune, en effet, dit M. le procureur général
Dupin (réquis. dans l'aff. Evêque, Sir. Dev. 38,
1-371), est une véritable association; elle constitue
entre les citoyens du même lieu une vraie communauté de bien-être et d'intérêts; à l'exception de la

vie intérieure de chaque maison, tout au dehors est vie commune, intérêt commun. On conçoit dès lors que la meilleure manière de régler cette vie commune, cet intérêt commun est de le faire par forme de délibération commune, de convention, sinon entre tous les individus, au moins entre tous ceux qui ont qualité ou capacité pour les représenter, exprimer leurs vœux et consentir pour eux des obligations.

Quant à la loi de 1845, elle est basée sur le principe que l'établissement de trottoirs importe tout à la fois à l'utilité publique, dans l'intérêt de la sûreté et de la commodité des rues, et aux propriétaires riverains, qui peuvent en retirer un profit personnel et direct à raison de la plus-value qui en résulte pour leurs maisons. Toutefois comme la loi était établie dans l'intérêt des communes, il ne fallait pas que la situation de quelques-unes d'entre elles, où l'usage laisse les frais de construction des trottoirs à la charge des riverains, devînt plus onéreuse, et c'est ce qui a engagé le législateur à maintenir ces usages dans les villes où ils existaient.

Dans ces villes, plusieurs décisions et arrêts ont sanctionné les dispositions de l'avis du Conseil d'Etat de 1807. (V. not. arrêts des 17 mars 1838, Sir. Dev. 38, 1-369 ; ordonnances des 2 février 1838, 15 avril 1843, 24 juillet 1845, 23 juin 1846, Dev. 46, 2-604 et 9 mars 1853, aff. Raoul, Dev. 53, 2-729).

Au surplus, c'est à l'autorité administrative qu'il appartient de reconnaître et de déclarer l'usage en

cette matièrc. (V. ord. roy. rendue en 1834 dans l'aff.
du sieur Cognet, contre la commune de la Guillotière,
Rép. adm. de Miroir, fév. 1834, p. 85.)

A Grenoble, il n'existe aucun usage mettant à la
charge des riverains les frais de pavage des rues, et
la dépense de ce pavage a toujours été faite avec les
deniers de la commune.

Mais en 1837, à l'époque où l'administration municipale remplaça l'ancien pavé par des moëllons
équarris, comme ce nouveau mode de pavage avait des
avantages incontestables, et qu'il ajoutait singulièrement à la propreté, à la commodité et à l'élégance des
rues de la ville, elle fit consentir les propriétaires
riverains à construire à leurs frais les trottoirs au
devant de leurs maisons, comme condition de la
jouissance immédiate du nouveau mode de pavage.
Les propriétaires s'empressèrent de répondre au vœu
de la municipalité, et maintenant il faut considérer
comme un usage parfaitement établi à Grenoble, que
les propriétaires riverains doivent faire à leurs frais
l'établissement des trottoirs dans les rues de la ville,
soit en pierres dures, soit en asphalte avec bordure
en pierre, et contribuer à l'entretien de ces trottoirs,
qui sont considérés pour ce fait, comme la propriété
privée des riverains, sauf la servitude de passage et
toutes les autres servitudes établies dans l'intérêt
des habitants ou de la voirie urbaine; de son côté, la
ville fait seule les frais d'établissement du pavage de
la chaussée du milieu et des rigoles d'écoulement des
eaux.

Si le droit de la ville, relativement à la construction des trottoirs, est parfaitement établi vis-à-vis du propriétaire ou des propriétaires ensemble, il n'en est pas de même dans le rapport des propriétaires entre eux, et l'on s'est demandé si, lorsque les divers étages d'une maison appartiennent à différents propriétaires, c'est le propriétaire du rez-de-chaussée qui doit faire seul les frais d'établissement des trottoirs, ou si la dépense doit être supportée par tous les propriétaires de la maison dans une certaine proportion.

Les motifs qui ont déterminé le législateur à mettre une portion de la dépense d'établissement des trottoirs à la charge des riverains en thèse générale, sont pris dans la considération que les trottoirs sont les protecteurs de l'édifice, à l'égard duquel ils remplacent heureusement les bornes placées ordinairement dans un but analogue; au moyen d'une construction solide et imperméable, ils préviennent les infiltrations auxquelles un pavé mal joint et souvent dégradé, si même la rue est pavée, expose les fondations des maisons. Enfin, ils rendent l'accès du rez-de-chaussée plus commode, et établissent des rapports plus directs et plus aisés entre la boutique qui expose et cherche à vendre, et le public qui veut voir et se propose d'acheter. (V. le rapp. de la commission de la Chambre des députés, *Moniteur* du 13 avril 1854.)

Il paraît équitable, d'après ces motifs, de distinguer entre le cas où l'établissement des trottoirs peut

être considéré comme devant être utile seulement
aux fondations de la maison et ne pouvant servir
que de travail confortatif ou préservatif des gros
murs. Ce cas est celui où le rez-de-chaussée n'a pas
de sortie sur la rue, ou n'a que des sorties qui ne
profitent pas par leur nature de l'établissement des
trottoirs, telles que portes de caves, remises, écuries, magasins d'entrepôt fermés habituellement et
autres semblables. Dans ce cas, il semble que la
dépense en tant que dépense commune, doit être
mise à la charge de tous les propriétaires au *prorata*
de la valeur de leur propriété.

Dans le cas au contraire, où, indépendamment de
ce caractère de travail purement confortatif ou préservatif, l'établissement des trottoirs peut être considéré comme particulièrement avantageux au rez-
de-chaussée, lorsque par exemple, il existe des magasins de vente ouverts au public, des appartements
de plain-pied avec la rue et qui trouvent dans l'é-
tablissement des trottoirs une cause d'assainissement
et de salubrité, il paraît équitable de laisser la plus
grande partie de la dépense à la charge du propriétaire du rez-de-chaussée, et cette portion peut être
fixée aux trois quarts, le quart restant devant être
supporté par tous les propriétaires indistinctement
comme dépense commune accessoire des gros murs,
y compris le propriétaire même du rez-de-chaussée.
Il faut même dire que beaucoup de propriétaires du
rez-de-chaussée, lorsqu'ils se trouvaient dans cette

dernière condition, ont contribué seuls à l'établissement des trottoirs.

Mais il n'existe pas d'usage assez constant pour
faire loi et la solution ci-dessus paraît plus rigoureusement juste.

Dans les autres villes du département, où il n'existe
pas de trottoirs et par conséquent pas d'usage à cet
égard, le pavé est dans tous les cas à la charge des
communes.

SECTION 2. — Des frais d'exhumation.

« Pour les frais d'exhumation des cadavres, on suivra les
» tarifs locaux. (Art. 20 du règlement du 18 juin 1811. —
» Tarif des frais en matière criminelle.) »

On ne pourrait guère citer, dans le département
de l'Isère, que deux tarifs locaux sur cet objet.

Le premier est établi par un arrêté municipal de
la ville de Grenoble du 25 juillet 1841, dont l'article 35 est ainsi conçu :

Les frais d'exhumation faite à la demande ou dans
l'intérêt des particuliers seront réglés comme il suit :

Vacation au commissaire de police.....   10 f.
Salaire du fossoyeur.................   12

L'art. 34 porte : quand une exhumation sera faite
par autorité de justice, l'entrepreneur ou fossoyeur
sera tenu de se conformer exactement à tout ce qui

lui sera prescrit par les fonctionnaires, docteurs, etc., chargés de la faire exécuter ou d'y veiller.

Le deuxième est établi par un arrêté municipal de la ville de Bourgoin du 19 mars 1850, et fixe la rétribution du fossoyeur à 12 fr., et la vacation du commissaire de police à 5 fr.

Il n'existe pas d'autres tarifs locaux sur cette matière. Mais en prenant pour base le prix moyen de l'inhumation qui est, dans le département, de 3 fr. pour une personne au-dessus de douze ans, et en le multipliant par quatre, comme l'ont fait les tarifs de Grenoble et de Bourgoin, à cause de la répugnance particulière qui s'attache à l'exhumation d'un cadavre, on est amené à considérer cette somme de 12 fr. comme pouvant servir de règle dans tout le département.

SECTION 3. — Des anciennes mesures.

Le système métrique, dont les bienfaits sont aujourd'hui généralement appréciés, et dont la connaissance est universellement répandue, a supprimé les anciennes mesures locales, dont la variété et la multiplicité avaient pour effet de jeter une certaine confusion dans les relations ordinaires des citoyens et dans les transactions commerciales. Toutefois la connaissance de quelques-unes de ces anciennes mesures peut être encore nécessaire aujourd'hui pour apprécier certaines stipulations de contrats passés sous leur empire, et nous ne pouvons mieux faire que de reproduire en partie le tableau comparatif dressé par M. l'ingénieur Dausse, sur l'invitation de M. le Préfet de l'Isère, et approuvé par arrêté du Préfet du 24 vendémiaire an x (16 octobre 1801).

MESURES AGRAIRES.

LIEUX où LES MESURES SONT EN USAGE.	DÉSIGNATION DES MESURES anciennes.	LEUR VALEUR en TOISES CARRÉES.	en MÈTRES CARRÉS ou centiares		L'HECTARE vaut EN MESURES ANCIENNES de la colonne 2.	
	Arpent de 100 perches carrées de 22 pieds (2).	1,344 t. r. 2 pi. 8 po.	(1) 5,107 m. 25 c.		1	49/100
Grenoble et ses environs, la Sône, Saint-Etienne-de-Saint-Geoirs, Chanas, Saint-Antoine, Roybon, Moirans, Tullins, l'Albenc, Vinay, Rives, Bourgoin, Saint-Chef, Morêtel, Virieu, Lemps, Roussillon, Saint-Marcellin, Pont-en-Royans, la Tour-du-Pin, les Abrets, Pont-de-Beauvoisin, Saint-Geoire, Saint-Jean-d'Avelanne.	Sétérée . . . . Eminée (3). . . Quartelée (4) . . Civerée (5). . . Modurière (6). .	900 t. d. 0 0 450 0 0 225 0 0 56 1 6 37 3 0	3,767 1,883 941 235 156	80 90 95 49 99	2 5 10 42 63	32/49 11/36 37/60 4/9 2/3
Voiron, Moirans, Rives, le Pont-de-Beauvoisin, la Tour-du-Pin, Morêtel, Virieu, Quirieu, Crémieu, Frontonas, Allevard, Goncelin, Pontcharra, Barraux, Saint-Laurent-du-Pont, les Abrets, St-Jean-d'Avelanne, Mens.	Journal. . . . . Eminée. . . . . Quartelée. . . . Fosserée (7). . . Civerée . . . . Modurière . . .	600 0 0 300 0 0 150 0 0 75 0 0 37 3 0 25 0 0	2,511 1,255 627 313 156 104	86 93 96 98 99 66	3 5 15 31 63 95	51/52 25/26 21/23 22/27 9/13 11/21
Vienne, St-Symphorien-d'Ozon, Villette-Serpaize.	Bicherée. . . . Hommée de vigue (un quart de bicherée) . . .	400 t. r. 0 0 100 0 0	1,519 379	40 80	6 26	49/84 1/3
Champier, Nantoin, la Côte-Saint-André, Chonas.	Sétérée . . . . Quartelée. . . . Hommée	1,200 t. d. 0 0 300 0 0 100 0 0	5,023 1,255 418	73 93 64	1 7 23	104/105 121/125 61/67
Vienne, Montseveroux, Bozancieu, Maubec, Bourgoin, Saint-Chef, Roche, Entraigues, Corps.	Bicherée et sétérée. . . . . . Couperée . . . . Fosserée. . . .	400 0 0 100 0 0 50 0 0	1,674 418 209	57 64 32	5 23 47	34/35 23/26 10/13
Villette-d'Anthon.	Bicherée. . . . Bicherée. . . .	625 0 0 500 0 0	2,616 2,093	50 20	3 4	89/109 5/7
Saint-Laurent-de-Mure . . .	Bicherée. . . .	600 t. r. 0 0	2,279	20	4	49/120

EN GÉNÉRAL, les *arpens* ANCIENS étaient supposés de 100 perches carrées, mais il y avait des arpens dont les perches *linéaires* étaient de 18 pieds, d'autres de 20, d'autres de 22, tous pieds de roi. La perche de 22 dont au tableau ci-dessus est celle de l'ordonnance des Eaux et Forêts, tit. 27, art. 14.

La perche de 18 pieds en usage à Paris vaut trente-quatre ares; celle de 20 pieds en usage à Orléans vaut *quarante-deux ares*.

L'HECTARE ou arpent nouveau contient 2,632 toises royales; 2,388 toises 5 pieds delphin.

(1) Pour avoir la valeur en ares, il faut placer la virgule avant les deux derniers chiffres des unités principales, ainsi l'arpent vaut 51 ares 07 centiares, la sétérée 37 ares 67 centiares, etc.
(2) Des Eaux et Forêts. — (3) 1/2 sétérée. — (4) 1/4 de sétérée. — (5) 1/16 de sétérée. — (6) 1/24 de sétérée. — (7) 1/8 de sétérée.

MESURES DE CAPACITÉ POUR LES GRAINS.

LIEUX où LES MESURES SONT EN USAGE.	DÉSIGNATION des MESURES.	VALEUR des MESURES ANCIENNES en décalitres.	LE DÉCALITRE vaut en mesures anciennes de la colonne 2.
Grenoble, Moirans, Saint-Laurent-du-Pont, Voreppe, Claix, le Versoud, Domêne, Allevard, Meylan.	Quartal ou Bichet. .	1 déc. 833	0 12/23
	Civier comble. . . .	0 473	2 3/26
	Grande benne comble.	4 171	0 5/24
Voiron	Bichet.	1 921	0 25/48
Sassenage	Quartal	1 886	0 83/157
Lans	Id.	2 139	0 31/66
Monestier-de-Clermont	Id.	1 516	0 31/46
Saint-Maurice-Lalley, Mens, Cordéac.	Quartal.	1 582	0 50/79
	Rasière	2 862	0 1/3
Corps.	Quartal	1 546	0 25/38
	Rasière	1 104	0 41/44
Entraigues.	Mesure	1 601	0 5/8
La Mure, Vizille, Saint-Georges-de-Commiers, Champ.	Quartal.	1 629	0 11/18
Bourg-d'Oisans.	Mesure	1 706	0 41/71
	Coupe.	0 305	3 7/24
Allevard.	Benne de mine. . . .	90 674	0 0
Barraux	Quartal.	1 162	0 31/36
Vienne, Chonas, Villette-Serpaize, Roussillon, Bozancieu, Montseveroux.	Bichet.	3 109	0 11/34
Villette-d'Anthon, Roche, Maubec, Frontonas, Bourgoin, St-Chef.	Id.	2 182	0 11/24
Saint-Priest, Toussieu	Id.	3 265	0 3/10
Beaurepaire, Chanas	Quartal.	2 332	0 25/58
Saint-Marcellin, la Sône, Saint-Antoine.	Id.	2 137	0 5/11
Saint-Etienne-de-Saint-Geoirs. .	Quartal.	2 536	0 5/13
Rives, la Tour-du-Pin, Parmilieu, la Balme, Quirieu, Bouvesse, Vercieu, Chareste, Saint-Baudille, Morestel, Corbelin, les Abrets, Pont-de-Beauvoisin, Saint-Geoire, Saint-Jean-d'Avelanne.	Mesure, Bichet ou Quartal.	2 590	0 2/5
Tullins	Id.	2 299	0 8/19
L'Albenc	Id. . . ./	2 583	0 5/13
Vinay.	Id.	2 374	0 5/12
Cremieu, Veyssilieu, Panossas, Moras.	Bichet.	1 950	0 7/13
Virieu, Chirens, Charavines . .	Id.	2 072	0 10/21
Lemps	Quartal.	2 429	0 2/5

Nota. — L'hectolitre est de 100 décimètres cubes ou 100 litres. La BENNE actuelle d'avoine est de 50 litres ; l'ancienne benne de Grenoble *était de 47 litres 71 centièmes.*

MESURES DE CAPACITÉ POUR LES LIQUIDES.

LIEUX où LES MESURES SONT EN USAGE.	DÉSIGNATION des MESURES.	VALEUR des MESURES ANCIENNES en litres ou pintes nouvelles.		DÉCALITRE OU VELTE vaut EN MESURES ANCIENNES de la colonne 2.	
Grenoble, Voiron, Voreppe, Claix, Vif, le Versoud, Tullins, Moirans, Cordéac, Saint-Georges-de-Commiers.	Pot	1 lit.	009	9	102/112
	Baral	55	475	0	0
St-Laurent-du-Pont, Sassenage. .	Pot	1	581	6	1/3
Vinay	Id.	1	534	6	1/2
	Charge	105	203	0	0
Saint-Maurice-Lalley	Id.	84	308	0	0
Mens	Pot	1	029	9	5/7
Corps, Monestier-de-Clermont, Entraigues.	Id.	1	686	6	0
	Charge	105	385	0	0
Rives.	Id.	107	775	0	0
Vizille.	Pot	1	053	9	1/2
Bourg-d'Oisans.	Id.	1	716	5	8/9
Allevard, la Mure	Id.	1	264	8	0
	Baral	56	043	0	0
Pontcharra, Barraux, Meylan. . .	Charge	112	289	0	0
Vienne	Pinte	1	08	9	1/4
Saint-Laurent-de-Mure	Pot	1	504	6	2/3
Villette-d'Anthon.	Id.	1	449	6	8/9
Saint-Priest, Toussieu, Villette-Serpaize.	Pinte	1	010	9	9/10
	Anée	88	734	0	0
Corbelin.	Charge	106	796	0	0
Morêtel, les Abrêts.	Id.	118	663	0	0
Champier, Nantoin, la Côte-St-André.	Id.	100	864	0	0
Roche	Anée ou charge . . .	103	830	0	0
Chonas.	Charge	92	285	0	0
Roussillon.	Id.	121	715	0	0
	Id.	101	513	0	0
Montseveroux, Bozancieu, Beaurepaire.	Pot	1	286	7	4/5
Chanas.	Charge	99	669	0	0
	Pot.	1	245	8	1/31
St-Marcellin, l'Albenc, Roybon, St-Antoine.	Charge.	105	193	0	0
	Mesure de détail . .	1	752	5	3/4
Pont-en-Royans	Charge	91	895	0	0
	Id.	94	425	0	0
	Pot.	1	527	6	23/42
Izeron, Cognin.	Baral	47	212	0	0
	Id.	60	721	0	0
	Pot.	1	855	5	1/3
La Tour-du-Pin, Maubec, Corbelin, St-Geoire, Pont-de-Beauvoisin, Saint-Jean-d'Avelanne, Saint-Baudille, Quirieu, Bouvesse, Vercieu, Chareste.	Charge.	110	752	0	0
	Pot.	1	730	5	4/5
Crémieu, Veyssilieu, Panossas, Moras.	Id.	1	297	7	3/4
	Charge	92	298	0	0
Frontonas, Bourgoin, St-Chef . .	Pinte.	1	334	7	1/2
	Charge	106	785	0	0
Lemps	Pot.	1	580	6	1/3
	Charge	101	159	0	0

Nota. — Le kilolitre ou mille litres, *ou* MUIDS, est égal à un mètre cube qui est égal à dix charges nouvelles ; à neuf charges 102/112. Les dix charges anciennes étaient égales à trente pieds cubes anciens.

SECTION 4. — **Des rapports internationaux avec la Savoie.**

« L'hypothèque ne peut résulter des jugements rendus en
» pays étrangers qu'autant qu'ils ont été déclarés exécutoires
» par un Tribunal français; sans préjudice des dispositions
» qui peuvent être dans les lois politiques ou dans les traités.
» (Cod. Nap., art. 2123.)
» Les contrats passés en pays étrangers ne peuvent donner
» d'hypothèque sur les biens de France, s'il n'y a des dispo-
» sitions contraires à ce principe dans les lois politiques ou
» dans les traités. (Cod. Nap., art. 2128.)
» Les jugements rendus par les Tribunaux étrangers et les
» actes reçus par les officiers étrangers ne seront susceptibles
» d'exécution en France que de la manière et dans les cas
» prévus par les articles 2123 et 2128 du Code Napoléon.

Un traité conclu à Turin, le 24 mars 1760, entre
le roi de France et le roi de Sardaigne, contient
quelques dispositions exceptionnelles prévues par les
articles précédents, et quoique ce traité s'applique
légalement à toute la France et n'ait rien de spécial
au département de l'Isère, il est certain néanmoins
en fait, que ce département étant limitrophe de la
Savoie, et des rapports fréquents et journaliers étant
établis entre les deux pays, par suite de la similitude
des mœurs et du langage, surtout depuis la réunion
momentanée de la Savoie à l'Empire français, le
traité dont il s'agit a un intérêt tout particulier et
pour ainsi dire tout à fait local pour les habitants

de l'Isère. Il est donc très-utile de faire connaître les dispositions principales de ce traité, et l'interprétation judiciaire qui leur a été donnée par application des articles ci-dessus visés.

Le traité du 24 mars 1760, ratifié à Versailles, le 10 juillet de la même année a eu pour but principal un arrangement général et définitif par rapport aux limites des deux états, et la partie relative à la délimitation du département de l'Isère avec la Savoie trouvera naturellement sa place dans le chapitre de la topographie légale du département.

Ce traité contient en outre les dispositions suivantes :

« Art. 21. Pour cimenter toujours plus l'union et la correspondance intime que l'on désire de perpétuer entre les sujets des deux Cours, le droit d'aubaine, et tous autres, qui pourraient être contraires à la liberté des successions et des dispositions réciproques, restent désormais supprimés et abolis pour tous les Etats des deux puissances, y compris les duchés de Lorraine et de Bar.

» Art. 22. Pour étendre la réciprocité qui doit former le nœud de cette correspondance aux matières contractuelles et judiciaires, il est encore convenu :

» Premièrement, que de la même manière que les hypothèques établies en France par actes publics ou judiciaires sont admises dans les tribunaux de S. M. le roi de Sardaigne, l'on aura aussi pareil égard dans les tribunaux de France pour les hypothèques, qui seront constituées à l'avenir par contrats publics, soit par ordonnances ou jugements, dans les Etats de S. M. le roi de Sardaigne. 14

» En second lieu, que pour favoriser l'exécution réciproque des décrets et jugements, les Cours suprêmes défèreront de part et d'autre à la forme du droit, aux réquisitoires qui leur seront adressés à ces fins, même sous le nom desdites Cours.

» Enfin, que pour être admis en jugement, les sujets respectifs ne seront tenus de part et d'autre, qu'aux mêmes cautions et formalités, qui s'exigent de ceux du propre ressort, suivant l'usage de chaque tribunal. »

Il faut remarquer, en ce qui concerne l'abolition du droit d'aubaine, que le traité de 1760 a pu recevoir son application sous l'empire de l'article 726 du Code Napoléon, mais qu'il est devenu sans objet sur ce point depuis la promulgation de la loi du 14 juillet 1819, qui a abrogé cet article et posé en principe que les étrangers auront le droit de succéder, de disposer et de recevoir, de la même manière que les Français, dans toute l'étendue de l'Empire (1).

---

(1) Près d'un siècle avant, un arrêt du Conseil d'Etat du 8 décembre 1666 avait décidé, contrairement à un arrêt du Parlement de Grenoble du 11 août 1661 (en la cause du comte de Beaumont, contre les frères Rivoire), que les habitants de Savoie jouiraient à l'avenir de tous leurs biens, seraient reçus à toutes successions et posséderaient tous bénéfices en Dauphiné à la charge de la réciprocité dans la Savoie en faveur de ceux du Dauphiné. (V. la relation de cette affaire et le texte de l'arrêt du Conseil dans les notables arrêts de Guy-Basset, t. 2, p. 112.) Les Savoisiens, dit également Chorier, *Hist. du Dauphiné*, t. 2, p. 535, n'étaient pas du nombre des étrangers. La déclaration de 1543 relative au droit d'aubaine ne leur était pas applicable.

Relativement aux hypothèques judiciaires et conventionnelles, l'application du traité n'a donné lieu à aucune difficulté. Mais la question s'est présentée de savoir si la femme et le mineur savoisiens ont une hypothèque légale en France sur les biens de leur mari ou tuteur. Le Tribunal de Bourgoin saisi de la question avait d'abord décidé la négative, en se fondant sur ce que l'hypothèque légale dérivant du droit civil et non du droit des gens, et constituant un droit réel immobilier régi par l'article 3, Code Napoléon, il s'ensuivait nécessairement que dans le droit commun, les étrangers ne pouvaient jouir de l'hypothèque légale en France, ni en vertu de la loi française qui n'a pas été faite pour eux, ni en vertu de la loi étrangère qui n'a aucune autorité sur les immeubles situés en France. Relativement aux effets particuliers du traité de 1760, le Tribunal avait considéré qu'il ne s'étendait p as aux hypothèques légales, qui n'étaient pas comprises dans les termes dont s'étaient servi les rédacteurs du traité. Mais sur l'appel de ce jugement, la Cour de Grenoble, par un arrêt du 19 juillet 1849 (Rec., t. 13, p. 303), a réformé cette décision. La Cour a admis en principe que la femme et le mineur étrangers avaient, en droit commun, une hypothèque légale sur les biens de leur mari et tuteur, et relativement à l'application spéciale du traité de 1760, la Cour a considéré : qu'avant la réunion de la Savoie à la France, la femme et les mineurs du Dauphiné et de la Savoie, pays de droit écrit, plus tard régi par le Code Na-

poléon, avaient une hypothèque légale sur les biens
de leurs maris et tuteurs pour leurs reprises dotales
et administration de tutelle : que le concordat du
24 août 1760, entre le roi de France et la Sardaigne
(art. 21 et 22), avait disposé que les hypothèques
constituées par actes publics, ordonnances ou jugements, en France ou en Savoie, auraient respectivement lieu sur tous les biens que le débiteur pos-
séderait dans l'un ou l'autre Etat : que ce traité
dérogeait formellement à l'ordonnance de 1629, qui
proscrivait en France les hypothèques établies par
actes publics ou judiciaires des pays étrangers :
qu'il résulte des termes et de l'esprit du concordat
de 1760, que les deux souverains ont eu pour but de
favoriser entre les deux peuples des relations inti-
mes, de créer des sûretés sans limites et réciproques
pour l'efficacité de tous actes, cimenter une amitié
durable et utile, qui n'aurait pas eu ce double caractère sans la collocation simultanée et respective
d'hypothèques sur les biens de l'un et de l'autre :
qu'on ne saurait admettre que les deux souverains
contractants ont voulu donner une faveur exclusive
aux hypothèques conventionnelles ou judiciaires
créées par les parties dans un intérêt individuel et
privé, et proscrire l'hypothèque légale des femmes
et des mineurs, qui protége au plus haut degré les
droits de la famille et de la société : que ce serait là
méconnaître et heurter l'esprit et le texte de ce
traité. (V. sur cette question, Mansord, *du droit*

d'aubaine et des étrangers en Savoie, t. 1, p. 238.) (1).

En ce qui touche l'exécution des jugements, le traité de 1760 a donné lieu à de sérieuses controverses sur le point de savoir comment il fallait interpréter ces expressions, *à la forme du droit*, insérées dans l'article 22. Les Tribunaux français doivent-ils se borner à ordonner purement et simplement l'exécution des jugements émanés des Tribunaux sardes, qui leur sont présentés? Ont-ils au contraire le droit de réviser ces jugements et d'en examiner les dispositions diverses? Telle est la difficulté à résoudre.

Mais on s'est demandé d'abord si le traité de 1760 était encore en vigueur et pouvait être invoqué. En effet, le décret du 4 mars 1793 annulait tous les traités d'alliance existant entre l'ancien gouvernement français et les puissances avec lesquelles la République était en guerre. Or, d'après Puffendorff (liv. 8, chap. 9), et plusieurs autres auteurs, un traité ne se renouvelle pas tacitement.

D'ailleurs le traité du 30 mai 1814 portait (article 28) que l'abolition des droits d'aubaine et de détraction, et autres de la même nature, dans les pays qui l'ont réciproquement stipulé avec la France ou qui lui avaient précédemment été réunis, est expressément

_____

(1) Il faut consulter sur les diverses questions que peut faire naître l'hypothèque légale de la femme étrangère, l'excellente dissertation insérée par M. Alfred Gueymard, avocat à la Cour impériale de Grenoble, dans sa Thèse pour le doctorat (Grenoble, Maisonville, 1854, p. 170 et suiv.).

maintenu. Or, d'après la maxime : *inclusio unius est exclusio alterius*, il semblerait que les droits, autres que l'abolition des droits d'aubaine stipulés dans les anciens traités, n'ont pas été maintenus.

Aussi, dit M. Troplong, l'opinion qui proclame l'abolition du traité de 1760, en ce qui concerne l'exécution des jugements, ne manque pas de vrai-semblance.

Toutefois l'existence de ce traité n'a jamais été sérieusement mise en doute, soit devant les Tribu-naux de France, soit devant les Tribunaux de Savoie. On peut dire que, suspendu par l'état de guerre et ses conséquences, il a repris toute sa vigueur dès que les choses ont été remises dans leur état pri-mitif : ici d'ailleurs le fait a une très-grande impor-tance, et il est constant que le traité de 1760 a toujours eu une existence légale aux yeux des Tribu-naux des deux pays. Devant les Cours de Grenoble et d'Aix, il s'est agi de l'interprétation de ce traité, mais son existence ne paraît pas avoir été mise en doute (1).

« J'ai vu, dit d'un autre côté M. Mansord, dans son *Traité du droit d'aubaine et des étrangers en Savoie*, t. 2, p. 245, j'ai vu de part et d'autre les

_____

(1) Je dois ajouter que la chancellerie de France a manifesté elle-même cette opinion depuis longtemps, si j'en juge par cette cir-constance que l'exemplaire du traité de 1760 existant au parquet de Grenoble a été transmis par le Ministre lui-même, le 28 février 1827.

Cours suprêmes de France et de Savoie accorder des réquisitions et y déférer suivant le droit. »

Mais en admettant pour certain et obligatoire le traité de 1760, comment faut-il l'interpréter? On ne peut se dissimuler que les mots, *à la forme du droit* laissent quelque obscurité. Doit-on entendre par là une simple formalité judiciaire, ou bien le droit et l'obligation pour les Tribunaux de ne déférer aux réquisitions que suivant le droit, c'est-à-dire en se conformant au droit respectif de chaque pays.

Dans le premier sens, on a dit que le traité aurait été inutile, s'il avait entendu parler d'un droit de révision, qui aurait remis en question la chose jugée.

Dans le second sens, on dit que le droit de révision étant le droit commun, il ne peut y être dérogé qu'en vertu d'une stipulation formelle, et que les termes du traité de 1760 étant obscurs et ambigus ne sont pas de nature à motiver une exception à des principes d'ordre public : que d'ailleurs la révision n'implique pas la nécessité de recommencer l'instruction, mais de s'assurer que le jugement ou l'arrêt sarde ne contient rien de contraire au droit public français.

C'est dans ce sens qu'ont jugé les deux Cours, qui ont eu, en général, à s'occuper du traité de 1760, Grenoble et Aix.

Un premier arrêt de la Cour de Grenoble du 7 août 1817, Vill., p. 368, interprète l'article 22 du traité en disant que les arrêts rendus en Savoie seront exécutés en France, sans révision, seulement lorsqu'ils seront rendus entre savoisiens, ou lorsque le Français aura été cité en vertu de lettres citatoires, délivrées par la Cour française et *vice versâ*. Mais ce traité n'a pas pour effet d'attribuer force de chose jugée en France à un arrêt rendu en Savoie, contre un Français qui y a été assigné sans lettres citatoires, quand même ce Français aurait comparu et se serait défendu.

Dans un arrêt du 3 janvier 1829 (Sir. 29, 2-176), la Cour de Grenoble considère que l'ordonnance de 1629 admettait toujours le Français à débattre de nouveau ses droits : que les Codes civil et de procédure n'ont pas dérogé à cet ancien droit : que le traité de 1760 étant obscur et les termes, *à la forme du droit*, pouvant être différemment interprétés, il faut revenir au droit commun : que dès lors, il doit être interprété en ce sens que les jugements rendus par les tribunaux sardes devront être déclarés exécutoires en France, lorsqu'ils ne renfermeront rien de contraire aux lois du royaume et à la juridiction du monarque français, et que c'est ainsi que la Cour de Grenoble l'a déjà plusieurs fois interprété.

La Cour d'Aix, dans un arrêt du 12 août 1824 (Sir. 26, 2-378), avait déjà considéré que les mots, *à la forme du droit*, doivent s'entendre, *à la forme du droit français*, de sorte qu'il ne s'agit pas de rejuger la question, mais seulement d'examiner si le jugement ne contrarie pas le droit du royaume ; on ne peut admettre que le Roi ait voulu autoriser à porter atteinte aux lois qu'il a établies.

Le pourvoi contre cet arrêt a été rejeté.

Enfin, la Cour de cassation, dans un arrêt du 17 mars 1830 (Sir. 30, 1-95), confirmant l'arrêt précédent de la Cour de Grenoble, a admis en droit, que, bien que l'article 22 du traité ait dérogé au principe consacré par l'article 121 de l'ordonnance de 1629, ainsi que par les articles 2123, 2128 Code Napoléon, et 546 Code procédure, il ne s'ensuit pas que l'exécution des jugements rendus par les tribunaux sardes doive être ordonnée en France, lorsqu'ils sont contraires aux maximes du droit public français ou à l'ordre des juridictions.

La jurisprudence paraît donc bien fixée sur l'interprétation du traité de 1760 ; mais quelle que soit d'ailleurs cette interprétation, c'est aux Cours impériales seules qu'il appartient d'en faire l'application, car il résulte formellement du traité, que les décisions des tribunaux sardes ne peuvent avoir d'autorité qu'après avoir été soumises aux Cours suprêmes, c'est-à-dire, aux Cours supérieures, autrefois les Parlements, aujourd'hui les Cours impériales.

En matière criminelle, le traité de 1760 autorise entre les deux nations l'échange de commissions rogatoires, dont l'exécution peut être nécessaire pour l'instruction des affaires criminelles. Voici comment on procède à cet égard : la commission rogatoire délivrée par le magistrat instructeur avec les notes et documents nécessaires est transmise au Procureur général qui la soumet à la Cour impériale avec ses réquisitions. Si la Cour juge convenable de la transmettre, elle rend un arrêt portant invitation à l'un des sénats des Etats de Sardaigne de l'exécuter. Le sénat, auquel s'adresse cette invitation, examine à son tour, s'il y a lieu, d'ordonner l'exécution demandée, et rend son arrêt après avoir entendu le ministère public. C'est à la première chambre civile, jugeant en chambre du conseil, que le Procureur général présente ses réquisitions. On procède de même pour les commissions rogatoires venant des Etats sardes, et les commissions régulièrement exécutées sont ensuite renvoyées par l'intermédiaire des Parquets.

Indépendamment de la marche officielle ci-dessus énoncée, le Parquet de Chambéry répond officieusement, à charge de réciprocité, à toutes les demandes de renseignements, qui lui sont adressées par le Parquet de Grenoble, soit pour lui-même, soit pour les autres Parquets de l'Empire, dont il devient ainsi l'intermédiaire obligé, suivant un usage constant et par suite de la franchise accordée par l'ordonnance du 17 novembre 1844. Qu'il me soit permis de dire ici, puisque l'occasion se présente naturellement, qu'il est impossible de trouver plus de bienveillance et d'empressement que n'en mettent les magistrats de Chambéry à répondre aux demandes de cette nature, et que les rapports du Parquet de Grenoble avec celui de Chambéry ont toujours été marqués de la part des magistrats Savoisiens par les témoignages réitérés du soin le plus

scrupuleux, et de la confraternité la plus parfaite.
Il est résulté de là que les échanges sont devenus
journaliers, et que l'autorité judiciaire française
trouve constamment chez ses voisins les plus grandes facilités pour l'administration de la justice dans
tout ce qui touche aux relations internationales.

L'origine de ces rapports remonte très-haut, et
l'on en trouve un premier exemple dans un traité
passé le 4 mars 1376, entre le comte de Savoie et
Charles V, relativement à l'extradition des malfai-
teurs. Dans cette convention, les parties considérant
que de détestables crimes demeurent impunis par
l'asile que les coupables trouvent sur le territoire,
soit du Dauphiné soit de la Savoie, conviennent de
se remettre réciproquement à la première réquisition de l'un ou de l'autre, leurs fugitifs et leurs
propres sujets, qui auraient commis des crimes sur
un territoire étranger. (Collect. du Louvre, t. 6,
p. 258 (1)). Aujourd'hui, l'extradition entre la France
et la Sardaigne est réglée par une convention du
23 mai 1838 publiée par une ordonnance du 16 décembre suivant, et dont les principales dispositions
peuvent trouver ici leur place :

Art. 1er. Lorsque des Français ou des sujets Sardes, mis en accusation ou condamnés dans leur pays
respectif, pour l'un des crimes énumérés dans l'arti-

---

(1) V. art. de M. Faustin Hélie, *Revue de Législation* 1843, t. 1,
p. 220.

cle suivant, seront trouvés, les Français dans les états de S. M. le roi de Sardaigne, et les sujets Sardes dans le royaume de France, ils seront respectivement livrés aux autorités respectives de leur pays, sur la demande que l'un des deux Gouvernements en adressera à l'autre par voie diplomatique.

Art. 2. 1° Assassinat, empoisonnement, parricide, infanticide, meurtre, viol; 2° incendie; 3° faux en écriture authentique ou de commerce et en écriture privée, y compris la contrefaçon des billets de banque et effets publics, mais non compris les faux certificats, faux passeports, et autres faux qui d'après le Code pénal ne sont point punis de peines afflictives et infamantes; 4° fabrication et émission de fausse monnaie; 5° faux témoignage; 6° vol lorsqu'il a été accompagné de circonstances qui lui impriment le caractère de crime; 7° soustractions commises par les dépositaires publics, mais seulement dans le cas où elles sont punies de peines afflictives et infamantes, et banqueroute frauduleuse.

Art. 3. Les objets volés dans l'un des deux pays et déposés dans l'autre, seront restitués de part et d'autre, en même temps que s'effectuera la remise des individus qui en auront été trouvés nantis lors de leur arrestation.

Art. 4. Les pièces qui devront être produites à l'appui des demandes d'extradition, sont le mandat d'arrêt qui sera décerné contre les prévenus, ou tous autres actes ayant au moins la même force que ce mandat, et indiquant également la nature et la gravité des faits poursuivis, ainsi que la disposition pénale applicable à ces faits.

Art. 5. Si l'individu dont l'extradition est demandée, était poursuivi ou avait été condamné dans le pays où il s'est réfugié, pour crimes ou délits commis dans ce même pays, il ne pourra être livré qu'après avoir subi la peine prononcée contre lui.

Art. 6. Les crimes et délits politiques sont exceptés de la présente convention. Il est expressément stipulé que l'individu dont l'extradition aura été accordée ne pourra être, dans aucun cas, poursuivi ou puni pour aucun délit politique antérieur à l'extradition, ou pour aucun fait connexe à un semblable délit.

Art. 7. L'extradition ne pourra avoir lieu si depuis les faits imputés, les poursuites ou la condamnation, la prescription de l'action ou de la peine est acquise d'après les lois du pays où le prévenu s'est réfugié.

CHAPITRE VII.

TOPOGRAPHIE LÉGALE.

Le département de l'Isère formé d'une grande partie de l'ancienne province du Dauphiné, est borné au nord, par la Savoie et le département de l'Ain; au sud, par le département de la Drôme et des Hautes-Alpes; à l'est, par le département des Hautes-Alpes et la Savoie; à l'ouest, par le département du Rhône, de la Drôme et de l'Ardèche.

La limite du département de l'Isère du côté de la Savoie pouvant avoir une utilité spéciale au point de vue de la compétence territoriale, de l'exécution des mandats de justice, des lois de douane, etc., il importe de la préciser et de faire connaître les dispositions législatives qui l'ont établie.

Avant la révolution, c'était le traité conclu à Turin

le 24 mars 1760, qui avait fixé la ligne séparative des deux États. Le décret du 27 novembre 1792 réunit la Savoie à la France, pour en former plus tard le département du Mont-Blanc. Par le premier traité de paix du 8 juin 1814, la France avait acquis dans le département du Mont-Blanc, la sous-préfecture de Chambéry (à l'exception des cantons de l'Hôpital, de St-Pierre-d'Albigny, la Rochette et Montmélian), et la sous-préfecture d'Annecy (à l'exception d'une partie du canton de Faverge). Mais le deuxième traité du 30 novembre 1815 décida que pour les frontières du canton de Genève jusqu'à la Méditerranée, la ligne de démarcation serait celle qui en 1790 séparait la France de la Savoie et du comté de Nice. Le traité de 1760 avait donc repris et conservé depuis toute sa force. Ce traité contient, en ce qui concerne spécialement la ligne séparative du département de l'Isère avec la Savoie, les stipulations suivantes :

Art. 1er. Le Rhône formant désormais par le milieu de son plus grand cours une limite naturelle et sans enclave entre la France et la Savoie, depuis la banlieue de Genève jusqu'au confluent du Guiers, la ville de Cheseri avec ses appartenances depuis le pont de Gresin jusqu'aux confins de la Franche-Comté sera incorporé au royaume de France..... En conséquence de cet arrangement, S. M. très-chrétienne déroge à la clause du traité de Lyon de 1601, qui laissait à la France la propriété de tout le cours du Rhône, depuis la sortie de ce fleuve du territoire de Genève jusqu'au confluent du Guiers.

Art. 2. Depuis le confluent du Guiers, la limitation remontera par le milieu du lit principal de cette rivière jusqu'à la source du Guiers-Vif, S. M. le roi de Sardaigne renonçant pour cet effet à tout droit ou prétention quelconque sur la totalité de cette rivière, ainsi que sur le territoire de l'Entre-deux-Guiers et de la Grande-Chartreuse.

Art. 3. Le Guiers sera assujetti à frais communs, à couler sous le pont de Saint-Genis, suivant la direction la plus naturelle et la moins préjudiciable aux bords.

Art. 4. Dès la source du Guiers-Vif, la limitation continuera par la sommité des montagnes de l'Harpète et de Granier jusqu'à la Croix du Col de Fraine d'où elle descendra de la manière la plus régulière aux sources du ruisseau de Glandon, qui fera successivement la limite jusqu'à l'Isère, que l'on suivra jusqu'à l'extrémité supérieure du rideau, qui est au bas de la forêt de Servette, au-dessous du village d'Hauterive.

Art. 5. De là, traversant l'Isère, l'on tirera une ligne droite au travers de la plaine de Villard-Benoît jusqu'au petit vallon, qui en laissant le couvent des Augustins du côté de France, se dirige par le mas des Vignes entre la hauteur du château de Beauregard, qui restera dans la partie de Savoie, et celle qui se trouve vis-à-vis du côté du Dauphiné jusqu'au torrent de Bréda au-dessous du pont des Gorges, ainsi qu'il sera plus particulièrement détaillé par les cartes et verbaux de la limitation.

Art. 6. La limitation remontera ensuite, comme ci-devant, jusqu'à la source de la partie du Bréda, qui, dès la montagne du Charnier, coule le long du vallon de Saint-Hugon (cette partie du Bréda est aussi appelée Bréda de Saint-Hugon et rivière de Bens), et par ce moyen la paroisse de la Chapelle-Blanche avec la portion de Villard-Benoît renfermée dans ces limites sera incorporée à la Savoie.

En conséquence de ce traité, les commissaires désignés par les souverains respectifs, savoir : Pierre Bourcet, maréchal de camp des armées du Roi, et Jean-Joseph Foncet, conseiller d'Etat de Sardaigne, dressèrent le 29 mai 1760, un procès-verbal de délimitation incomplet sur quelques points, parce que les neiges ne permirent pas de lever le plan de certaines parties de la ligne, et qui est du reste devenu sans objet depuis le procès-verbal de délimitation dressé par les commissaires des deux puissances en 1824, procès-verbal qui fait connaître exactement la ligne définitive qui sépare les deux Etats, les bornes plantées, etc., et dont les plans levés à une très-grande échelle et formant plusieurs cartes existent en original à la Préfecture de l'Isère. (Cabinet particulier de M. le Préfet.)

Indépendamment de cette ligne de démarcation, il existe encore dans le département de l'Isère considéré comme département limitrophe, et au point de vue spécial de l'application des lois de douanes, une autre ligne située sur le territoire Français et qui forme avec la délimitation internationale ce qu'on appelle le rayon-frontière, soumis à la surveillance du service des douanes, et dans lequel les lois et règlements sur le transport et la circulation des denrées et marchandises, sont exécutoires. Ce rayon embrasse une étendue de deux myriamètres (quatre lieues anciennes), d'après les articles 42, titre 13 de la loi du 22 août 1791 et 84 de la loi du 8 floréal an XI. Mais pour faciliter la répression de la fraude sur les frontières de terre, l'article 36 de la loi du 28 avril 1816 a décidé que là où la mesure de deux myriamètres de rayon n'offrirait pas les positions les plus convenables au service des douanes, ce rayon pourrait être étendu sur une mesure variable, jusqu'à la distance de deux myriamètres et demi de l'extrême frontière. A une époque peu éloignée encore, le rayon des douanes avait presque partout dans le département de l'Isère, la profondeur légale; mais en 1848 des motifs d'économie en ont fait restreindre l'étendue, sans que cette mesure ait eu cependant pour effet d'empêcher le service de se porter en arrière des bureaux et brigades, et d'exercer sa surveillance dans la partie du rayon légal, située entre l'intérieur et la seconde ligne.

Voici du reste les noms des villages et communes dans lesquelles sont actuellement établis les bureaux et les brigades formant la seconde ligne :

ARRONDISSEMENT DE GRENOBLE.

BUREAUX.	BRIGADES.
St-J^h-de-Rivière.	St-Etienne-de-Crossey.
Le Touvet.	St-Joseph-de-Rivière.
Tencin.	Fourvoirie, com. de St-Laurent-du-Pont.
Bourg-d'Oisans.	St-Pierre-de-Chartreuse.
	Cottave, commune de Chartreuse.
	St-Pancrasse.
	Le Touvet.
	Tencin.
	Theys.
	La Pernière, com. d'Allemont.
	Bourg-d'Oisans.

ARRONDISSEMENT DE LA TOUR-DU-PIN.

BUREAUX.	BRIGADES.
Veyrin.	Sablonet,
Les Abrets.	Les Avenières, } com. des Avenières.
St-Geoire.	Villars,
	Veyrin.
	Corbelin.
	Labâtie-Montgascon.
	Fitilieu.
	Les Abrets.
	Recoing, commune de la Chapelle.
	La Ramelière,
	St-Geoire, } commune de St-Geoire.
	La Davière,
	Hautefort, commune de Merlas.

Restrictions d'entrée. Les marchandises étrangères ne peuvent pas acquitter les droits d'entrée dans tous les bureaux indistinctement. La loi a voulu que celles taxées à de forts droits ne puissent entrer que par des bureaux spécialement désignés et dont la composition offrît toute garantie. Ainsi, d'après l'article 20, titre 2 de la loi du 28 avril 1816, les marchandises dont le droit d'entrée est de 20 fr. et plus par 100 kilogrammes, non compris le décime, et celles nommément désignées par l'article 8 de la loi du 27 mars 1817 ne peuvent être importées dans le département de l'Isère, que par les bureaux ci-après désignés, savoir :

> Le Pont-de-Beauvoisin,
> Chapareillan,
> Entre-deux-Guiers.

Cette extension d'attributions a été accordée à ce dernier bureau par l'article 8 de l'ordonnance du 8 juillet 1834.

Les bureaux du Pont-de-Beauvoisin, de Chapareillan et d'Entre-deux-Guiers, sont les seuls qui soient ouverts au transit et aux primes dans le département de l'Isère. Le traité de commerce conclu entre la France et la Savoie, le 14 février 1852, dispose que les fontes aciéreuses provenant des bassins de l'Arc et de l'Isère, en Savoie, seront admissibles au droit modéré de 3 fr. les 100 kil., et que la quantité à importer annuellement par les bureaux d'Entre-deux-Guiers et de Chapareillan, les seuls désignés de prime-abord pour l'application de ce régime de faveur, sera limitée à 12,000 quintaux métriques. Des réclamations s'étant élevées peu après sur l'insuffisance des bureaux ouverts à l'entrée des fontes de Savoie, le Gouvernement par un décret du 22 novembre 1853, a donné satisfaction aux intéressés en désignant deux nouveaux bureaux, ceux de Pontcharra, et du Pont-de-Bens, commune de la Chapelle-du-Bard.

Les lois sont exécutoires dans le département de l'Isère, six jours francs après leur promulgation, qui résulte de leur insertion au bulletin officiel, suivant l'ordonnance du 27 novembre 1816 et l'avis du Conseil d'Etat du 24 février 1817. En effet, Grenoble, chef-lieu du département, est éloigné de Paris de 56 myriamètres 8 kilomètres, suivant le tableau légal des distances annexé à l'arrêté du 25 thermidor an XI.

Le département de l'Isère est divisé en 4 arrondissements, 45 cantons et 551 communes; il a une population totale de 603,497 âmes, suivant le dernier recensement établi par la loi du 22 mai 1852, savoir :

Arr. de Grenoble,	20 cant.	213 com.	220,192 de popul.
Vienne,	10	131	159,514
La Tour-du-Pin,	8	123	136,593
Saint-Marcellin,	7	84	87,198
	45	551	603,497

Son étendue territoriale peut être évaluée à 829,030 hectares environ (1), savoir :

_____

(1) Cette étendue prise sur des documents remontant à quelques années, doit subir une certaine diminution par suite de la loi du 24 mars 1852, qui a distrait du département de l'Isère et réuni au département du Rhône, les communes de Villeurbanne, Vaux, Bron et Venissieux.

Arr. de Grenoble,   412,403
       Vienne,   176,731
   La Tour-du-Pin,   132,306
    Saint-Marcellin,   107,591
                   829,031

Qui comprennent :

Terres labourables et treillages..	316,387 hect.
Prés	66,713
Vignes.	27,698
Bois domaniaux.	13,653
Bois communaux.	59,153
Bois particuliers.	95,604
Vergers, pépinières, jardins. . . .	7,109
Oseraies, aulnaies et saunaies. . .	988
Cultures diverses.	2,315
Patis, landes et bruyères.	171,990
Etangs, abreuvoirs, mares, canaux	1,778
Propriétés bâties.	4,334
Terres vaines et rochers.	33,792
Routes, chemins, rues, places publiques	13,616
Rivières, lacs et ruisseaux.	13,711
Cimetières, églises et bâtiments publics.	190
	829,021

Il y a à Grenoble une Cour impériale, dont le ressort comprend les départements de l'Isère, de la Drôme et des Hautes-Alpes, et qui se compose de

quatre chambres et de trente-un présidents ou conseillers, et six procureur général, avocats généraux
ou substituts. Dans l'ordonnance du 2 novembre
1846, relative au traitement de la magistrature, la
Cour de Grenoble est rangée dans la 4ᵉ classe.
(Traitement à 4000 fr.)

Il y a dans chacun des arrondissements un Tribunal
de première instance : par exception, le Tribunal
de première instance de l'arrondissement de la Tour-
du-Pin, siége à Bourgoin.

D'après la loi du 11 avril 1838, ces tribunaux
comprennent, savoir : celui de Grenoble, douze juges
et six suppléants, et quatre membres du parquet :
celui de Vienne, sept juges, quatre suppléants et
trois membres du parquet ; celui de Bourgoin et de
Saint-Marcellin, chacun quatre juges et trois suppléants, et deux membres du parquet. Il existe de
plus dans chacun de ces deux derniers Tribunaux
une chambre temporaire créée par ordonnance du
29 octobre 1837 et renouvelée annuellement depuis
cette époque. L'ordonnance de 1846 classe ces Tribunaux, savoir : celui de Grenoble et de Vienne,
dans la 5ᵉ classe (traitement à 2100 fr.), et ceux de
Bourgoin et Saint-Marcellin, dans la 6ᵉ classe (traitement à 1800 fr.)

Il existe auprès de la Cour impériale et de chacun
des Tribunaux d'arrondissement un bureau d'assis-
tance judiciaire établi conformément à la loi du 22
janvier 1851, et destiné à admettre les personnes
qui sont, par suite de leur indigence, hors d'état de

faire valoir leurs droits en justice, à plaider gratuitement devant les diverses juridictions.

Le décret impérial du 6 octobre 1809 a établi un Tribunal de commerce à Grenoble et à Vienne. Ce Tribunal dans chacune des deux villes est composé d'un président, quatre juges et quatre suppléants, et son ressort est le même que celui du Tribunal civil de première instance.

Enfin, un décret du 16 mars 1851, a établi à Grenoble un Conseil de Prud'hommes, dont le ressort embrasse les établissements industriels dont le siége est situé dans les trois cantons de Grenoble.

Le tableau légal des distances dressé en exécution de l'article 93 du décret du 18 juin 1811 a été déterminé par arrêté de M. le Préfet de l'Isère, en date du 31 mars 1851. Les dispositions en sont exactement reproduites dans le tableau ci-après, dans lequel la classification par cantons a été substituée à l'ordre alphabétique. Les chefs-lieux se distinguent par un caractère différent, et on a placé, pour la plus grande commodité du lecteur, à la suite de chaque commune, le chiffre de la population et l'indication de la fête patronale.

TABLEAU LÉGAL DES DISTANCES.

ARRONDISSEMENT DE GRENOBLE.

DÉSIGNATION des COMMUNES.	DISTANCE DES COMMUNES au chef-lieu judiciaire			POPULATION.	INDICATION des FÊTES PATRONALES.
	du Canton.	de l'Arron.	du Départ.		
	myr. kil.	myr. kil.	myr. kil.		
ALLEVARD...............	» »	4 »	4 »	2638	St Marcel.
Chapelle-du-Bard (la).....	» 4	4 4	4 4	1221	N.-D.-des-Neiges.
Ferrière (la)...............	1 2	5 1	5 1	1169	St Maxime.
Moutaret (le)...............	» 5	4 4	4 4	600	St Jean-Baptiste.
Pinsot.....................	» 7	4 6	4 6	982	St Maurice.
St-Pierre-d'Allevard......	» 3	3 6	3 6	2027	St Pierre.
BOURG-D'OISANS........	» »	4 9	4 9	3212	St Laurent.
Allemond.................	1 1	4 6	4 6	1555	St Nizier.
Auris.....................	» 9	5 8	5 8	780	St Jullien.
Besse.....................	1 8	6 7	6 7	961	Ste Anne.
Clavans...................	1 7	6 5	6 5	427	St Didier.
Freney (le)...............	1 3	6 1	6 1	670	St Arey.
Garde (la)...............	» 3	5 2	5 2	384	St Pierre.
Huez.....................	» 6	5 4	5 4	485	St Ferréol.
Livet et Gavet...........	1 4	3 6	3 6	1215	St Antoine.
Mizoën...................	1 4	6 3	6 3	663	St Christophe.
Mont-de-Lans.............	1 3	6 1	6 1	1347	Notre-Dame.
Ornon.....................	» 8	5 3	5 3	606	St Martin.
Oulles....................	» 7	5 2	5 2	296	St Didier.
Oz........................	1 3	4 8	4 8	982	St Ferréol.
St-Christophe-en-Oisans...	1 9	6 8	6 8	530	St Christophe.
Vaujany..................	1 5	5 0	5 0	930	St Etienne.
Venosc...................	1 2	6 1	6 1	910	St Pierre.
Villard-Eymond...........	» 6	5 5	5 5	242	Notre-Dame.
Villard-Reculas..........	» 9	5 7	5 7	218	St Jean-Baptiste.
Villard-Reymond.........	» 5	5 5	5 5	181	St Jean.
CLELLES...............	» »	5 1	5 1	777	L'Assomption.
Chichilianne.............	» 6	5 4	5 4	648	*Idem.*
Lalley....................	1 2	6 7	6 7	747	La Visitation.
Monestier-du-Percy.......	» 5	5 9	5 9	523	St Pierre.
Percy (le)................	» 4	5 6	5 6	315	*Idem.*
St-Martin-de-Clelles......	» 3	4 5	4 5	300	St Martin.
St-Maurice...............	1 2	6 3	6 3	420	La Visitation.
St-Michel-les-Portes......	» 8	4 1	4 1	504	Exaltation de la Croix.
Thoranne.................	» 6	4 3	4 3		
Trezannes................	» 6	4 8	4 8		
CORPS.................	» »	6 3	6 3	1350	St Pierre et St Paul.
Ambel....................	» 4	6 8	6 8	289	La Nativité.
Beaufin..................	» 6	7 0	7 0	185	*Idem.*
Côtes-de-Corps (les)......	» 4	6 0	6 0	399	St Jean.
Monestier-d'Ambel........	» 8	7 2	7 2	208	La Nativité.

DÉSIGNATION des COMMUNES.	DISTANCE DES COMMUNES au chef-lieu judiciaire			POPULATION.	INDICATION des FÊTES PATRONALES.
	du Canton.	de l'Arron.	du Départ.		
Quet-en-Beaumont	» 9	5 5	5 5	338	L'Assomption.
St-Laurent-en-Beaumont..	1 7	4 9	4 9	869	St Laurent.
Ste-Luce................	» 7	5 9	5 9	299	St Michel.
St-Michel-en-Beaumont ...	1 0	5 4	5 4	329	*Idem.*
St-Pierre-de-Méarotz......	1 8	4 8	4 8	217	St Laurent.
Sallette-Fallavaux (la).....	» 5	6 8	6 8	714	St Michel.
Salle (la)...............	1 3	5 1	5 1	475	L'Assomption.
DOMÊNE..............	» »	1 »	1 0	1375	St Georges.
Combe-de-Lancey (la).....	» 8	1 8	1 8	655	Notre-Dame-de-Pitié.
Laval...................	1 2	2 2	2 2	1096	St Etienne.
Murianette	» 2	» 8	» 8	311	St Georges.
Revel...................	» 5	1 4	1 4	971	L'Assomption.
Ste-Agnès	1 2	2 2	2 2	866	Ste Agnès.
St-Jean-le-Vieux.........	» 6	1 6	1 6	305	L'Assomption.
St-Murys-Monteymont.....	1 1	2 1	2 1	417	Ste Agnès.
Uriage	1 4	1 4	1 4	2400	St Martin.
Versoud (le)...... .	» 3	1 2	1 2	543	St Laurent.
Villard-Bonnot..........	» 6	1 6	1 6	1045	St Martin.
GONCELIN..............	» »	2 9	2 9	1650	St Didier.
Adrets (les).............	1 3	2 1	2 1	875	St André.
Champ (le).............	1 0	2 2	2 2	530	Notre-Dame.
Cheylas (le).............	» 4	3 3	3 3	796	St Martin.
Froges	» 9	2 1	2 1	557	St Quentin.
Hurtières...............	» 8	2 7	2 7	240	St André.
Morêtel	» 3	3 2	3 2	429	St Michel.
La Pierre...............	» 7	2 4	2 4	270	Notre-Dame.
Pontcharra.............	1 0	3 9	5 9	2562	La Nativité et St Blaise.
St-Maximin.............	1 1	4 0	4 0	920	St Maxime.
Tencin.................	» 4	2 5	2 5	1088	St Jean-Baptiste.
Theys	1 0	3 1	3 1	2445	L'Assomption.
GRENOBLE (*Est*)........	» »	» »	» »	31,140	St Hugues.
Bernin.................	1 5	1 5	1 5	1124	L'Assomption.
Biviers.................	» 9	» 9	» 9	651	St Philippe et St Jacq.
Corenc.................	» 7	» 7	» 7	807	St Pierre et St Paul.
Meylan.................	» 7	» 7	» 7	1097	St Victor.
Montbonnot-St-Martin	» 8	» 8	» 8	714	St Nicolas.
St-Ismier...............	1 1	1 1	1 1	1380	St Ismier.
St-Nazaire..............	1 3	1 3	1 3	603	St Jean-Baptiste.
Sappey (le).............	1 3	1 3	1 3	385	St Michel.
Tronche (la)............	» 2	» 2	» 2	1722	St Ferjus.
GRENOBLE (*Nord*)	» »	» »	» »	»	St Louis.
Fontanil................	» 9	» 9	» 9	588	L'Assomption.
Mont-St-Martin	1 1	1 1	1 1	116	*Idem.*
Proveysieux	» 9	» 9	» 9	581	St Pierre.

DÉSIGNATION des COMMUNES.	DISTANCE DES COMMUNES au chef-lieu judiciaire.			POPULATION.	INDICATION des FÊTES PATRONALES.
	du Canton.	de l'Arron.	du Départ.		
Quaix................	» 9	» 9	» 9	742	St Jean-Baptiste.
Sarcenas	1 2	1 2	1 2	98	St Michel.
St-Egrève............	» 7	» 7	» 7	1269	St Egrève.
St-Martin-le-Vinoux	» 2	» 2	» 2	1076	L'Annonciation.
GRENOBLE (sud)........	» »	» »	» »	»	St Joseph.
Bresson..............	» 7	» 7	» 7	265	St Christophe.
Echirolles.............	» 7	» 7	» 7	639	St Jacques.
Eybens	» 6	» 6	» 6	810	St Christophe.
Gières	» 5	» 5	» 5	1185	St Marcel.
Herbeys.............	1 1	1 1	1 1	640	St Victor et St Ours.
Poisat...............	» 6	» 6	» 6	315	St Christophe.
St-Martin-d'Hère........	» 5	» 5	» 5	1040	St Martin.
Venon	» 8	» 8	» 8	305	St Marcel.
MENS................	» »	5 5	5 5	2093	L'Assomption.
Cornillon.............	» 5	5 5	5 5	366	La Nativité.
Lavars...............	1 2	6 2	6 2	301	Idem.
Pellafol	1 9	6 7	6 7	660	St Nicolas.
Prébois	1 2	6 7	6 7	323	St Barthélemy.
St Baudille-et-Pipet......	» 5	6 0	6 0	718	St Pancrasse.
St-Genis	» 2	5 7	5 7	159	L'Assomption.
St-Jean-d'Hérans........	» 6	4 9	4 9	752	St Jean-Baptiste.
Cordéac.............	1 0	5 9	5 9	1157	St Sébastien.
Tréminis.............	1 7	7 2	7 2	708	St Pierre et St Paul.
MONESTIER-DE-CLERMONT	» »	3 4	3 4	902	St Pierre.
Avignonet.............	» 7	3 2	3 2	262	L'Assomption.
Château-Bernard........	1 1	3 0	3 0	449	St Laurent.
Gresse..............	1 3	4 6	4 6	860	St Barthélemy.
Miribel-Lanchâtre.......	1 8	2 7	2 7	284	Ste Marguerite.
Roissard	» 5	3 9	3 9	383	St Etienne.
St-Andéol	1 1	3 5	3 5	273	St Blaise.
St-Guillaume	» 7	3 2	3 2	443	Idem.
St-Paul-les-Monestier.....	» 2	3 4	3 4	365	Conversion de St Paul.
Sinard	» 4	3 0	3 0	541	L'Assomption.
Treffort..............	» 3	3 4	3 4	291	Idem.
LA MURE.............	» »	3 8	3 8	3648	Notre-Dame (15 août).
Cholonge.............	1 3	3 0	3 0	555	Idem.
Cognet...............	» 4	4 3	4 3	119	Idem.
Maire................	1 1	4 9	4 9	234	St Jean-Baptiste.
Marcieu.............	1 7	5 5	5 5	353	St Christophe.
Monteynard...........	1 3	2 9	2 9	488	Ste Agnès.
La Motte-d'Aveillans......	» 7	3 5	3 5	1322	St Pierre.
La Motte-St-Martin.......	1 0	3 4	3 4	724	Ste Agnès.
Nantes-en-Ratier	» 5	4 3	4 3	687	St Georges.
Notre-Dame-de-Vaulx.....	1 1	3 0	3 0	906	St Laurent.

DÉSIGNATION des COMMUNES.	DISTANCE DES COMMUNES au chef-lieu judiciaire.			POPULATION.	INDICATION des FÊTES PATRONALES.
	du Canton.	de l'Arron.	du Départ.		
Pierre-Châtel............	» 6	3 2	3 2	1144	St Pierre.
Ponsonnas...............	» 2	4 0	4 0	145	Notre-Dame.
Prunières...............	» 3	4 1	4 1	243	*Idem.*
St-Arey................	» 9	4 7	4 7	212	St Jean-Baptiste.
St-Honoré.............	» 7	3 8	3 8	706	St Honoré.
St Théoffrey...........	» 9	3 0	3 0	457	St Pierre.
Savel..................	1 5	5 3	5 3	106	St Jean-Baptiste.
Sousville..............	» 2	4 0	4 0	120	Notre-Dame.
Susville..............	» 3	3 9	3 9	483	*Idem.*
Villard-St-Christophe.....	» 9	3 3	3 3	554	St Christophe.
SAINT-LAURENT-DU-PONT..	» »	2 9	2 9	1858	St Laurent.
Entre-deux-Guiers-le-Bas..	» 7	3 6	3 6	1666	*Idem.*
Miribel................	» 7	3 6	3 6	2707	St Maurice.
St-Christ.-entre-2-Guiers..	» 8	3 8	3 8	1306	St Christophe.
St-Pierre-de-Chartreuse...	1 1	2 2	2 2	1821	St Pierre.
St-Pierre-d'Entremont....	1 6	4 7	4 7	1433	*Idem.*
SASSENAGE.............	» »	» 7	» 7	1514	St Pierre.
Engins..............	» 8	1 4	1 4	418	St Jean-Baptiste.
Fontaine..............	» 2	» 5	» 5	885	La Nativité.
Noyarey...............	» 6	1 2	1 2	1009	St Paul.
Pariset...............	» 9	» 9	» 9	936	St Nizier.
Seyssins..............	» 7	» 7	» 7	1387	St Martin.
Veurey...............	» 9	1 5	1 5	866	St Georges.
TOUVET.............	» »	2 7	2 7	1646	St Didier.
Barraux..............	» 9	3 6	3 6	1731	St Martin.
Buissière (la)...........	» 6	3 3	3 3	814	St Jean-Baptiste.
Chapareillan...........	1 4	4 1	4 1	2612	St Joseph.
Crolles...............	1 0	1 7	1 7	1549	St Pierre.
Flachère (la)...........	» 5	3 2	3 2	351	St Jean-Baptiste.
Lumbin................	» 7	2 0	2 0	661	Ste Madeleine.
Montalieu.............	» 3	3 0	3 0	465	Notre-Dame-de-Pitié.
St-Bernard...........	» 7	2 5	2 5	544	St Bernard.
St-Marcel.............	1 4	4 1	4 1	240	Notre-Dame-de-Pitié.
Ste-Marie-d'Alloix.......	» 3	3 0	3 0	350	St Barthélemy.
St-Pancrace...........	1 4	1 9	1 9	317	St Pancrasse.
St-Hilaire............	1 0	2 2	2 2	421	St Hilaire.
St-Vincent-de-Mercuze....	» 3	3 0	3 0	591	St Vincent.
Terrasse (la)...........	» 4	2 3	2 3	1248	St Aupre.
VALBONNAIS...........	» »	5 2	5 2	1339	St Pierre.
Chantelouve............	1 3	6 6	6 6	456	St Vincent.
Entraigues.............	» 4	5 6	5 6	613	St Benoit.
Lavaldens.............	2 0	5 4	5 4	642	St Christophe.
Morte (la).............	2 5	5 9	5 9	258	St Antoine.
Oris-en-Ratier...........	1 2	4 8	4 8	331	St Pierre.

DÉSIGNATION des COMMUNES.	DISTANCE DES COMMUNES au chef-lieu judiciaire			POPULATION.	INDICATION des FÊTES PATRONALES.
	du Canton.	de l'Arron.	du Départ.		
Perier (le)...............	» 9	6 1	6 1	825	St Vincent.
Siévoz....................	» 7	4 5	4 5	320	St Pierre.
Valette (la).............	1 7	4 8	4 8	195	*Idem.*
Valjouffrey.............	1 2	6 3	6 3	990	L'Assomption.
VIF.....................	1 0	1 6	1 6	2435	St Jean-Baptiste.
Allières et Risset........	» 5	1 2	1 2	698	St Pierre.
Claix....................	» 8	1 1	1 1	1942	*Idem.*
Cluse et Paquier (la)......	1 0	2 7	2 7	856	L'Assomption.
Gua (le)	» 5	2 1	2 1	1087	St André.
St-Paul-de-Varces........	» 8	1 7	1 7	651	St Paul.
Varces..................	» 4	1 3	1 3	733	St Pierre.
VILLARD-DE-LANS	» »	2 9	2 9	2597	St Bonnet.
Autrans.................	1 4	3 0	3 0	1290	St Nicolas.
Lans....................	» 9	2 1	2 1	1170	L'Assomption.
Méaudre	1 1	2 9	2 9	1283	St Pierre et St Paul.
VIZILLE..................	» »	1 7	1 7	3125	Notre-Dame.
Brié et Angonnes.........	» 5	1 2	1 2	606	St Barthélemy.
Champ...................	» 5	1 6	1 6	451	St Pierre.
Champagnier	» 7	1 1	1 1	546	St André.
Jarrie...................	» 5	1 5	1 5	971	St Etienne.
Laffrey	» 8	2 5	2 5	510	St Bernard.
Montchaboud............	» 5	1 6	1 6	77	Notre-Dame.
Notre-Dame-de-Commiers.	1 3	2 3	2 3	269	St Georges.
Notre-Dame-de-Mésage ...	» 2	1 9	1 9	309	St Pierre.
St-Barthélemy...........	1 0	2 7	2 7	863	St Barthélemy.
St-George-de Commiers ...	1 0	2 1	2 1	632	St Georges.
St-Jean-de-Vaulx	1 1	2 8	2 8	622	St Jean.
St-Pierre-de-Mésage......	» 4	2 1	2 1	677	St Pierre.
Séchilienne..............	» 9	2 6	2 6	1486	St Martin.
Vaulnaveys-le-Haut.......	» 6	1 4	1 4	1638	St Jean-Baptiste.
Vaulnaveys-le-Bas	» 5	1 6	1 6	815	*Idem.*
VOIRON..................	» »	2 5	2 5	8480	St Pierre.
Buisse (la)..............	» 6	1 9	1 9	1295	St Martin.
Chirens.................	» 5	3 0	3 0	1826	Notre-Dame.
Coublevie...............	» 3	2 1	2 1	1670	St Pierre.
Pommiers...............	1 0	1 8	1 8	646	La Nativité.
St-Aupre................	» 9	3 4	3 4	1124	St Aupre.
St-Etienne-de-Crossey....	» 5	3 0	3 0	1710	St Etienne.
St-Joseph-de-Rivière.....	1 2	2 6	2 6	1415	St Joseph.
St-Julien-de-Raz	» 8	2 2	2 2	377	St Julien.
St-Nicolas-de-Macherin ...	» 6	3 1	3 1	874	St Nicolas.
Voreppe	1 0	1 4	1 4	2970	St Didier.

ARRONDISSEMENT DE VIENNE.

DÉSIGNATION des COMMUNES.	DISTANCE DES COMMUNES au chef-lieu judiciaire			POPULATION.	INDICATION des FÊTES PATRONALES.
	du Canton.	de l'Arron.	du Départ.		
BEAUREPAIRE............	» »	2 9	6 5	2480	St Pierre.
Bellegarde et Poussieu....	1 2	9 0	7 4	908	L'Assomption.
Châlon.................	2 0	1 5	8 0	162	St Saturnin.
Cour et Buis............	1 3	1 6	7 5	648	St Martin.
Jarcieu................	1 0	3 2	7 4	759	St Pierre.
Moissieu...............	1 0	2 7	7 2	605	St Didier.
Montseveroux	1 6	1 7	7 8	834	St Martin.
Monsteroux et Milieu	1 9	2 0	8 1	368	*Idem.*
Pact...................	» 6	2 8	7 1	787	St Georges.
Pisieu	» 9	2 7	6 6	605	St Barthélemy.
Pommier...............	1 0	3 3	6 1	1153	St Romain.
Primarette	» 9	2 2	7 0	836	St Pierre.
Revel et Tourdan	» 7	2 5	7 3	979	Notre-Dame.
St-Barthélemy	» 2	3 1	6 2	731	St Barthélemy.
St-Julien-de-l'Herms	1 4	2 4	6 9	503	St Julien.
LA CÔTE-SAINT-ANDRÉ...	» »	3 9	4 9	4429	St André.
Arzay..................	1 0	3 3	5 8	278	St Thiers.
Balbin	» 2	3 7	5 1	389	St Didier.
Bossieu	1 0	3 4	5 9	539	St Thiers.
Champier	» 9	3 7	5 0	1025	St Nizier.
Commelle	» 7	3 5	5 5	771	St Romain.
Faramans	» 8	3 5	5 6	1293	St Joseph.
Gillonay..............	» 3	4 2	4 7	978	St Maurice.
Mottier	» 8	4 4	4 6	1242	St Nicolas.
Nantoin...............	» 8	3 9	5 1	616	St Martin.
Ornacieux.............	» 4	3 6	5 3	509	St Didier.
Pajay.................	1 1	3 7	5 9	757	St Joseph.
St-Hilaire-de-la-Côte	» 6	4 5	4 4	1233	St Hilaire.
Semons................	» 8	3 3	5 7	503	St Julien.
HEYRIEU.............	» »	2 4	8 9	638	L'Assomption.
Chandieu	» 5	2 6	9 3	1426	St Pierre-ès-Liens.
Diémoz...............	» 6	2 0	8 3	895	Notre-Dame et St Blaise.
Grenay	» 5	2 7	8 6	1416	St Pierre.
Mure	» 7	3 1	9 0	887	»
Oytier et St-Oblas........	1 1	1 5	9 0	969	St Barthélemy.
St-Bonnet-de-Mure.......	» 7	3 1	9 0	887	St Bonnet.
St-Georges-d'Espéranches .	1 1	2 2	7 7	2290	St Georges.
St-Just-de-Chaleyssin.....	» 8	1 6	9 1	924	St Pierre.
St-Laurent-de-Mure......	» 6	3 0	8 9	1250	St Laurent.
Toussieu.	» 7	2 4	9 6	870	St Pierre.
Valencin..............	» 5	1 8	9 1	814	St Vincent.

DÉSIGNATION des COMMUNES.	DISTANCE DES COMMUNES au chef-lieu judiciaire			POPULATION.	INDICATION des FÊTES PATRONALES.
	du Canton.	de l'Arron.	du Départ.		
MEYZIEU	» »	3 2	9 8	1433	St Sébastien.
Anthon	1 4	4 5	9 2	396	L'Assomption.
Charvieu................	1 3	3 9	8 8	470	St Pierre.
Chassieu	1 3	2 9	9 6	746	St Barthélemy.
Chavagnieu.............	1 5	3 5	8 9	301	St Pierre.
Chavanos	1 6	4 2	9 1	1139	L'Assomption.
Décines et Charpieu.......	» 5	3 2	10 4	976	St Pierre-ès-Liens.
Genas.................	» 4	2 8	9 4	1907	St Barthélemy.
Janneyrias	» 9	4 0	9 9	602	St Pierre.
Jonage................	» 5	3 6	9 8	910	St Jean-Baptiste.
Jons.	1 1	4 2	9 9	577	*Idem.*
Pusignan................	» 6	3 6	9·3	1317	L'Assomption.
Villette-d'Anthon	1 1	4 2	9 9	781	St Martin.
ROUSSILLON.	» »	2 0	9 3	1532	St Jacques.
Agnin..................	» 8	2 4	8 2	705	St Agnin.
Anjou	1 0	2 6	7 9	860	La Transfiguration.
Assieu	» 7	1 9	9 1	736	St Pierre ès liens.
Auberives.............	» 7	1 3	9 3	776	Notre-Dame et St Roch.
Bougé-Chambalud........	1 2	2 8	7 8	1169	L'Assomption.
Chanas................	» 8	2 6	8 7	1340	St Laurent.
Chapelle (la)...........	» 7	·2 3	9 0	548	St Jacques.
Cheyssieu	1 0	1 4	9 5	356	Notre Dame et St Roch.
Clonas	» 6	1 6	9 7	479	St André.
Péage-de-Roussillon (le)..	» 1	1 9	9 5	1597	St Jean.
Sablons	» 9	2 7	10 0	1060	St Ferréol.
Salaize	» 3	2 3	8 6	1090	St Claude.
St-Alban-du-Rhône	» 9	1 5	10 0	298	St Clair.
St-Clair..............	» 8	1 4	10 1	683	*Idem.*
St-Maurice-d'Exil.·	» 5	2 0	9 6	1005	St Maurice.
St-Prin	1 3	1 2	9 9	490	St Prin.
St-Romain.............	» 5	2 1	8 9	357	St Jacques.
Sonnay	1 3	2 9	7 7	937	St Blaise.
Vergnioz..............	1 0	1 5	10 2	562	St Pierre.
Ville-sous-Anjou....'.....	» 5	2 1	8 5	969	St Didier.
SAINT-JEAN-DE-BOURNAY..	» »	2 3	6 4	3298	St Jean-Baptiste.
Artas.................	» 5	2 8	6 9	1325	St Pierre ès liens.
Beauvoir..............	» 6	1 9	7 3	1466	L'Assomption.
Châtonnay.............	» 6	2 9	5 8	3068	St Christophe.
Culin	1 0	3 3	6 1	580	St Clair.
Eclose	1 4	3 7	5 6	679	St Augustin.
Lieudieu..............	» 7	3 0	6 1	364	St Julien.
Heyrieu	» 5	2 8	6 2	713	St Clair.
Meyssiès	1 0	1 7	7 1	666	St André.
Royas.................	» 3	2 1	6 7	290	»
St-Agnin.............	1 1	3 4	6 5	440	St Laurent.
Savas et Mépin	» 7	1 8	7 1	520	St Bonnet.

DÉSIGNATION des COMMUNES.	DISTANCE DES COMMUNES au chef-lieu judiciaire			POPULATION.	INDICATION des FÊTES PATRONALES.
	du Canton.	de l'Arron.	du Départ.		
Tramolé...................	1 1	3 4	5 9	426	St Maurice.
Villeneuve...............	» 5	2 2	6 6	1453	St Laurent.
ST-SYMPHORIEN-D'OZON..	» »	1 3	9 9	1868	St Symphorien.
Chaponnay...............	» 7	1 7	9 7	1240	St Barthélemy.
Communay...............	» 4	1 1	9 8	775	St Pierre et St Blaise.
Feyzin..................	» 4	1 7	10 4	1242	L'Assomption.
Charennes...............	» 7	1 5	10 1	1467	St Julien.
Mions..................	» 9	2 2	10 0	891	Ste Madeleine.
St-Priest...............	1 1	2 4	9 8	2200	St Priest.
Serezin-du-Rhône........	» 2	1 5	10 1	275	St Mayeul.
Simaudres...............	» 2	1 2	9 9	510	St Symphorien.
Solaize.................	» 2	1 5	10 1	779	St Sylvestre.
Ternay	» 5	1 3	10 0	1119	St Mayeul.
LA VERPILLIÈRE........	» »	2 9	7 8	1220	St Denis.
Bonnefamille...........	» 6	2 3	8 2	797	St Antoine.
Chèze-Neuve	1 3	3 3	7 3	438	L'Assomption.
Colombier.............	» 1	3 2	8 7	1432	Idem.
Crachier...............	1 4	3 2	7 4	396	Idem.
Domarin	1 0	3 4	6 9	388	St Alban.
Four	» 7	3 0	7 9	946	St Nazaire et St Celse.
Isle-d'Abeau...........	» 7	3 2	7 5	1025	St Pierre.
Maubec...............	1 3	3 4	7 0	849	St Bonaventure.
Meyrié................	1 6	3 8	6 5	378	St Blaise.
Roche	» 6	2 7	7 5	1576	St André.
St-Alban-de-Roche.......	» 8	3 3	7 1	1080	St Alban.
St-Quentin............	» 4	2 6	8 3	1640	St Quentin.
Satolas et Bonce........	» 7	3 2	7 9	1416	St Pierre.
Vaulx-Milieu	» 4	2 8	7 6	764	Ste Madeleine.
VIENNE (sud)	» »	» »	8 8	20,753	St Maurice.
Côtes-d'Arey (les).......	1 2	1 2	10 0	1217	St Martin.
Chonas.................	1 0	1 0	9 8	658	St Sévère.
Estrablins	» 9	» 9	8 0	1390	St Pierre.
Eyzin..................	1 2	1 2	7 5	1791	Notre-Dame.
Jardin	» 7	» 7	8 7	627	St Théodore.
Moidieu	1 3	1 3	7 5	1130	S. Jean et St Maximin.
St-Sorlin..............	1 0	1 0	8 4	406	St Saturnin.
Reventin-Vaugris........	» 9	» 9	9 6	1405	Idem.
Roches (les)...........	1 2	1 5	10 0	1358	St Nicolas.
VIENNE (nord)..........	» »	» »	» »		St André.
Chasse................	» 5	» 5	9 2		
Luzinay...............	1 3	1 3	9 9	1032	St Louis.
Septême	1 4	1 4	9 2	2836	L'Assomption.
Seyssuel	» 5	» 5	9 2	1503	Notre-Dame.
Villette-Serpaise et Chuzelle	1 0	1 0	9 7	1551	St Maurice.

ARRONDISSEMENT DE LA TOUR-DU-PIN.

DÉSIGNATION des COMMUNES.	DISTANCE DES COMMUNES au chef-lieu judiciaire			POPULATION.	INDICATION des FÊTES PATRONALES.
	du Canton.	de l'Arron.	du Départ.		
Bourgoin.............	» »	» »	6 6	4749	St Jean–Baptiste.
Château-Vilain...........	1 0	1 0	5 7	658	St Martin.
Éparres (les)............	» 8	» 8	6 3	1568	St Pierre et St Paul.
Maillieu................	» 1	» 1	6 7	3153	L'Assomption.
Montceau	» 9	» 9	6 0	886	Ste Anne.
Ruy.	» 3	» 3	6 6	1381	St Denis.
St-Chef................	1 4	1 4	7 3	3650	L'Assomption.
St-Marcel..............	» 8	» 8	7 4	1032	St Marcel.
St-Savin...............	» 7	» 7	7 3	2497	St Savin.
Serezin................	» 6	» 6	6 5	1355	St Alban.
Succieu...............	1 0	1 0	5 7	626	St Pierre ès liens.
Crémieu.............	» »	1 9	8 5	2302	St Jean-Baptiste.
Amblagneu.............	4 »	3 5	8 7	1052	St Laurent.
Annoisin et Chatelans.....	» 6	2 4	9 1	673	St Symphorièn.
Balme (la).............	1 7	3 5	10 1	912	St Pierre.
Chamagnieu............	» 9	1 0	8 6	665	St Clair et St Chrystop.
Chozeau...............	» 6	1 8	8 5	576	St Blaise.
Disimieux...............	» 5	1 6	8 3	490	St Martin.
Frontonas.............	1 4	1 2	7 9	1100	St Julien.
Hières.	» 9	2 8	9 4	873	St Pierre et St Etienne.
Hameysieu.............	» »	» »	» »	»	St Eusèbe.
Leyrieu...............	» 5	2 4	9 0	378	St Martin.
Moras.	» 5	1 3	8 0	413	St Christophe.
Optevoz...............	» 8	2 6	9 3	598	St Symphorien.
Panossas	» 8	1 5	8 2	422	St Martin.
Parmillieu.............	2 0	3 9	10 6	643	St Pierre.
St-Baudille............	1 3	3 2	9 9	964	S. Baudille.
St-Hilaire-de-Brens	» 8	1 2	7 8	438	St Hilaire.
St-Romain-de-Jalionas....	» 4	2 3	8 9	630	St Romain.
Siccieu-St-Jullien	» 7	2 4	9 1	644	St Julien.
Soleymieu.............	» 9	1 9	7 8	720	St Agnan.
Crept.	» 9	1 5	7 8	1278	St Laurent.
Tigneu-Jemeysieu.......	» 6	2 5	9 2	1102	S. Eusèbe.
Véneyrieu	» 8	1 1	7 8	422	St Hilaire.
Vernas...............	» 7	2 5	9 3	243	St Martin.
Vertrieu...............	2 1	3 9	9 2	701	St Pierre.
Veyssilieu.............	» 8	1 3	7 9	402	St Martin.
Villemoirieu............	» 2	2 1	8 7	685	St Jean-Baptiste.
Lemps	» »	3 1	3 8	2220	*Idem.*
Apprieu	» 7	3 3	3 3	1861	St Pierre.
Belmont..............	1 0	1 9	5 0	484	St Christophe.
Bevenais.............	» 3	2 8	4 1	1067	S. Marcellin.

DÉSIGNATION des COMMUNES.	DISTANCE DES COMMUNES au chef-lieu judiciaire			POPULATION.	INDICATION des FÊTES PATRONALES.
	du Canton.	de l'Arron.	du Départ.		
Biol..	1 6	1 6	5 0	1468	St Jean-Baptiste.
Bizonnes.	» 7	1 8	4 7	1238	S. Ferréol et S. Pierre.
Burcin..	» 5	2 5	4 1	524	St Martin.
Châbons.	» 6	2 3	4 3	2039	St Didier et Ste Cather.
Colombe.	» 3	3 4	3 7	1164	St Blaise.
Eydoche.	1 1	2 2	4 8	750	St Clair.
Flachère (la).	1 3	1 6	5 3	534	St Louis. .
Longechenal.	1 0	2 4	4 5	666	St Pierre.
St-Didier-de-Bizonnes. ...	» 9	2 1	4 9	499	St Didier.
MORESTEL.	» »	2 3	6 5	1437	S. Symphorien.
Arandon.	» 5	1 8	7 1	583	St Pierre.
Avenières (les).	1 1	3 0	6 0	4256	St Julien.
Bouchage (le).	» 5	2 8	6 6	1031	*Idem.*
Bouvesse-Quirieu.	1 6	2 8	8 1	1085	St Christophe.
Brangues.	» 7	3 0	7 0	919	St Pierre-ès-Liens.
Chareste.	1 9	2 4	8 5	571	St Louis.
Courtenay.	1 2	2 1	7 6	1409	St Martin.
Creys et Pusigneux.	» 7	2 7	7 2	883	St Maurice.
Curtin.	» 4	2 3	6 2	449	St Jean.
Mépieu (Faverge de).	» 1	2 6	7 6	485	St Pierre-ès-Liens.
Montalieu-Vercieu.	1 8	3 1	8 3	1506	S. Louis.
Passins.	» 4	2 0	6 9	1145	St André.
St-Sorlin.	» 5	2 3	6 2	625	St Saturnin.
St-Victor-de-Morestel	» 4	2 7	6 9	943	St Victor.
Sermérieu.	» 6	1 7	7 1	1552	L'Assomption.
Thuélin.	» 5	2 5	6 0	546	St Jean.
Vezeronce	» 3	2 2	6 3	1281	St Laurent.
Veyrins.	» 8	2 7	5 7	1081	S. Jean Porte Latine.
PONT-DE-BEAUVOISIN.	» »	3 3	5 2	2594	S. Clément.
Abrets (les).	» 7	2 7	4 6	1297	L'Assomption.
Aoste et St-Didier .	» 9	3 3	5 2	1222	St Clair.
Bâtie-Montgascon (la).	1 5	2 2	5 3	1485	S. Symphorien.
Chimilin.	» 8	2 9	5 1	1634	St Laurent.
Corbelin.	1 4	2 7	5 6	1998	Notre-Dame-de-Pitié.
Fitilieu.	» 9	2 6	4 8	1413	St Pierre.
Folatière (la).	» 2	3 2	5 1	716	St Clément.
Granieu.	1 1	2 9	5 4	424	S. Clair.
Pressins..	» 4	3 1	5 0	1206	S. Eusèbe.
Romagnieu.	» 5	3 3	5 4	2025	St Christophe.
St-Albin .	» 4	3 8	4 8	625	St Albin.
St-André-le-Gua .	1 2	2 3	5 0	1342	St André.
Saint-Jean-d'Avelanne.	» 4	3 5	5 0	890	St Jean-Baptiste.
St-Martin-de-Vaulserre. ...	» 7	3 7	4 8	442	St Martin.
SAINT-GEOIRE.	» »	3 9	3 9	4350	St Georges.
Bâtie-Divisin (la).	1 0	3 0	4 3	1415	St Pierre.

DÉSIGNATION des COMMUNES.	DISTANCE DES COMMUNES au chef-lieu judiciaire			POPULATION.	INDICATION des FÊTES PATRONALES.
	du Canton.	de l'Arron.	du Départ.		
Charancieu.............	1 2	2 8	4 5	574	S. Gervais et S. Protais.
Merlas.................	» 7	4 6	3 8	1128	St Ferréol.
Montferrat.............	» 9	3 2	4 0	1353	St Didier.
Paladru................	1 3	3 1	4 5	984	St Michel.
Saint-Beuil-de-Vaulserre..	» 5	4 1	4 4	541	S. Baudille.
Voissan................	» 8	4 0	4 7	334	St Antoine.
La Tour-du-Pin........	» »	1 5	5 7	2572	L'Assomption.
Cessieu...............	» 6	» 9	6 3	1858	St Martin.
Chapelle-de-la-Tour......	» 3	1 7	6 0	914	L'Assomption.
Dolomieu..............	» 8	2 2	6 0	2292	St Pierre et St Paul.
Faverges..............	» 7	2 2	5 4	1264	St Barthélemy.
Montagneu	» 7	1 6	5 7	767	St Pierre.
Montcarra.............	» 8	1 1	6 5	662	L'Assomption.
Roche et Toirin	» 4	1 4	6 1	1004	Notre-Dame.
Ste-Blandine...........	» 3	1 7	5 8	906	Ste Blandine.
St-Clair...............	» »	1 6	5 8	1038	St Clair.
St-Didier-de-la-Tour	» 3	1 8	5 4	1594	St Didier.
St-Jean-de-Soudain	» 2	1 4	5 9	766	St Jean-Baptiste.
St-Victor-de-Cessieux.....	» 9	1 3	5 9	1265	St Victor.
Torchefelon.............	1 0	1 7	5 4	720	St Georges.
Vasselin...............	1 1	1 9	6 4	542	St Baudille.
Vignieu................	1 1	1 6	6 6	1048	Idem.
Virieu	» »	2 »	4 9	1178	St Pierre et St Paul.
Bilieu.................	1 5	3 9	3 6	575	St Alban.
Blandin	» 3	2 8	4 7	214	St Jacques-le-Majeur.
Charavines.............	1 0	3 3	3 4	844	St Pierre.
Chassigneu et Colonge.....	» 3	2 6	5 2	539	L'Assomption.
Chélieu	» 2	2 8	5 1	760	St Martin.
Doissin................	» 7	2 0	5 3	890	Idem.
Montrevel.............	» 8	1 8	4 9	601	St Luc.
Panissage	» 2	2 6	4 9	330	St Pierre et St Paul.
Passage (le)............	» 7	2 2	5 2	842	St Etienne.
Pin (le)	» 6	3 3	3 8	1001	St Christophe.
Oyeu	1 2	2 9	3 7	989	St Pierre et St Paul.
St-Ondras.............	» 8	2 6	4 6	814	St Honoré.
Valencogne.............	» 6	2 8	4 6	810	St Jean.

ARRONDISSEMENT DE SAINT-MARCELLIN.

DÉSIGNATION des COMMUNES.	DISTANCE DES COMMUNES au chef-lieu judiciaire			POPULATION.	INDICATION des FÊTES PATRONALES.
	du Canton.	de l'Arron.	du Départ.		
PONT-EN-ROYANS	» »	1 6	6 1	1211	St Pierre.
Auberives-en-Royans	» 5	1 4	5 9	344	L'Assomption.
Beauvoir-en-Royans	1 0	» 6	5 1	184	St Romain.
Chatelus	» 4	2 0	6 5	308	L'Assomption.
Choranche	» 5	2 1	6 6	478	*Idem.*
Iseron	1 5	» 6	4 6	953	St Jean-Baptiste.
Presle	» 7	1 2	5 7	618	Ste Anne.
Rencurel	1 5	3 1	4 5	929	St Jean-Baptiste.
St-André-en-Royans	» 5	1 0	5 5	792	St André.
St-Just-de-Claix	» 6	1 2	5 8	771	St Just.
St-Pierre-de-Cherennes	1 3	» 8	5 0	492	St Pierre.
St-Romans	» 9	» 6	5 2	1227	St Romain.
RIVES	» »	3 1	2 8	2339	St Valère.
Beaucroissant	» 3	3 2	3 0	926	St Georges.
Charnècles	» 2	3 3	2 5	1328	St Roch et St Sébastien.
Iseaux	» 6	2 9	3 5	1693	St Benoit.
Moirans	» 7	3 1	2 1	2765	St Pierre.
Murette (la)	» 6	3 7	2 9	1028	St Martin.
Réaumont	» 5	3 5	3 0	766	St Jean-Baptiste.
Renage	» 3	2 8	5 1	1630	St Pierre.
St-Blaise-du-Buis	» 6	3 7	3 2	605	St Blaise.
St-Cassien	» 6	3 6	3 0	914	S. Cassien.
St-Jean-de-Moirans	» 9	3 3	2 1	1217	St Jean-Baptiste.
Vourey	» 4	2 7	2 5	1168	S. Maurice et S. Jean.
ROYBON	» »	1 7	5 9	2294	St Jean-Baptiste.
Beaufort	1 5	3 2	5 9	739	St Pierre ès liens.
Châtenay	» 9	2 6	5 1	507	St Germain.
Lentiol	1 5	3 2	6 3	352	St Laurent.
Marcilloles	1 1	2 9	5 3	810	S. Roch et St Nicolas.
Marcolin	1 6	3 5	6 4	780	St Laurent.
Marnans	» 6	2 3	5 4	456	St Jean-Baptiste.
Montfalcon	» 6	2 3	6 5	292	L'Assomption.
Saint-Clair-de-Galaure	» 9	2 6	6 7	560	St Clair.
Thodure	1 1	2 8	5 7	1092	St André.
Viriville	» 8	2 5	5 4	2078	St Robert.
ST-ETIENNE-DE-ST-GEOIRS	» »	2 3	4 1	1918	L'Assomption.
Bressieux	» 6	2 5	4 7	133	S. Pierre ès liens.
Brezins	» 4	2 7	4 5	1045	Notre-Dame.
Brion	1 0	1 8	5 1	508	St Georges.
Frette (la)	» 7	3 1	4 1	1447	St Ours.
Penol	1 5	3 9	5 4	604	Ste Madeleine.

DÉSIGNATION des COMMUNES.	DISTANCE DES COMMUNES au chef-lieu judiciaire.			POPULATION.	INDICATION des FÊTES PATRONALES.
	du Canton.	de l'Arron.	du Départ.		
Plan...............	» 6	2 2	3 9	315	Notre-Dame.
St-Geoirs............	» 3	2 3	4 4	655	St Georges.
St-Michel-de-St-Geoirs....	» 6	2 2	4 7	505	Ste Brigitte.
St-Pierre-de-Bressieux....	» 6	2 7	4 9	1396	St Pierre.
St-Siméon-de-Bressieux...	» 8	2 6	4 9	2115	St Siméon.
Sardieu...............	1 3	3 4	5 3	819	Ste Magdeleine.
Sillans...............	» 4	2 7	3 7	1175	St Maximin.
SAINT-MARCELLIN.......	» »	» »	5 2	3460	St Marcellin.
Bessins...............	1 1	1 1	6 3	303	St Martin.
Chatte...............	» 4	» 4	5 5	2443	St Vincent.
Chevrières............	» 6	» 6	5 8	947	St Pierre ès liens.
Dionay...............	1 5	1 5	6 6	519	St Julien.
Montagne	1 3	1 3	6 5	278	St Etienne.
Murinais.............	» 7	» 7	5 9	660	S. Jean, évangéliste.
St-Antoine............	1 2	1 2	6 3	1880	St Antoine.
St-Apollinard..........	1 1	1 8	6 2	571	S. Apollinaire.
St-Bonnet-de-Chavagne ...	1 0	1 0	6 1	870	St Bonnet.
St-Hilaire-du-Rosier......	» 9	» 9	6 0	1119	S. Hilaire.
St-Lattier.............	1 2	1 2	6 4	1769	S. Eleuthère.
St-Sauveur............	» 4	» 4	4 9	758	La Transfiguration.
St-Véran..............	» 3	» 3	5 0	1183	St Vérand.
Sône (la).............	» 6	» 6	5 8	687	St Pierre.
Têche et Beaulieu........	» 6	» 6	4 5	1126	L'Assomption.
TULLINS...............	» »	2 2	2 9	4618	St Laurent.
Cras.................	» 6	1 8	3 5	493	St Augustin.
Forteresse (la)...........	» 9	2 2	3 7	493	St Pierre ès liens.
Montaud..............	» 9	3 2	2 1	571	Ste Madeleine.
Morette..............	» 4	2 0	3 3	528	S. Augustin.
Poliénas..............	» 6	2 0	3 5	1061	St Jean-Baptiste.
Quincieux.............	1 1	1 8	4 0	320	Notre-Dame.
Rivière (la)............	1 0	2 2	3 1	871	St Joseph.
St-Paul-d'Izeaux.........	» 7	2 6	3 7	558	St Paul.
St-Quentin sur Isère......	». 7	2 9	2 5	1318	St Quentin.
Vatilieu..............	1 0	1 6	3 9	553	St Martin.
VINAY	» »	1 0	4 2	3429	St Barthélemy.
Albenc (l')...........	» 3	1 3	3 9	1335	L'Assomption.
Chantesse.............	» 6	1 5	3 7	327	St Pierre.
Chasselay.............	» 8	1 3	5 0	850	Idem.
Cognin et Malleval........	1 9	1 3	4 2	1202	L'Assomption.
Rovon................	» 7	1 4	3 6	625	St Pierre.
Serres et Nerpol.........	» 7	1 6	4 8	621	L'Assomption.
St-Gervais.............	» 7	1 6	3 4	610	S. Gervais et St Protais.
Varacieux	» 8	1 0	5 0	1181	St Maurice.

GLOSSAIRE

DE

QUELQUES MOTS PARTICULIERS

EMPLOYÉS DANS LES ANCIENS TITRES,

OU

CONSERVÉS PAR L'USAGE ET DONT L'INTELLIGENCE
PEUT ÊTRE NÉCESSAIRE (1).

⚜⚜⚜⚜⚜

Aissette, petite hache.

Albergement, espèce de bail emphytéotique. Voir le
chapitre 4.

Alpage, pâturage alpestre.

Armaille ou *Aumaille*, troupeau de bêtes à cornes.

Baile, nourrice gagée. On donne aussi ce nom au
chef des bergers de Provence, qui conduisent les
troupeaux sur les montagnes de l'Isère.

Balme, *Baulme* ou *Baume*, signifie un rocher ou
une cavité sous un rocher, une grotte; tantôt c'est

---

(1) Salvaing de Boissieu a inséré un Glossaire semblable, mais
très-succinct à la suite de son *Traité de l'usage des fiefs*. Chorier
donne également la nomenclature des mots dérivés du celtique, du
romain, etc. Enfin, J. J. Champollion-Figeac a donné un Vocabu-
laire assez étendu dans ses *nouvelles recherches sur les patois ou
idiômes vulgaires de la France et en particulier sur ceux du département de l'Isère.* Paris, 1809, in-12.

un territoire couvert de vallons et coupé de bois.

Banates, puis *Bennes*, espèce de caisse ou panier en bois pour contenir les fruits. *Banaton*, petite benne, peu usité aujourd'hui.

Barret ou *Barrot*, char à deux roues en usage dans la campagne.

Barrotée, charge de barrot.

Bachasse, sorte de caisse en osier suspendue à un cable, et qui servait à traverser une rivière, une gorge étroite, etc. Certaines localités ont encore conservé ce nom. Ce mot signifie également abreuvoir, bassin de fontaine.

Beicharet, hoyau pour bêcher la vigne.

Blache, Blachia, terre à chênes ou châtaigniers si distants les uns des autres qu'ils n'empêchent pas qu'on y laboure. C'est un mot du pays dont on ne saurait donner l'étymologie. (Salv. de Boiss.)

Bret, ancienne expression qui servait à désigner un passage étroit dans les rochers. Se dit également d'un arbre dont les branches et les racines s'étendent sur deux pièces de terre appartenant à deux maîtres.

Borderie, ferme, métairie.

Bourdaillies. V. le chapitre 4.

Breuil. Ce nom est donné en Dauphiné à un emplacement fermé par une barrière en bois et servant soit de marché soit de lieu à faire parquer les bestiaux. Dans plusieurs localités, il désigne le lieu où se tient le marché public.

Bièvres (*plaine de*), située sur la limite des arrondissements de la Tour-du-Pin, Vienne et Saint-Marcellin, était occupée autrefois par une vaste forêt.

Beaumont (*vallée de*); elle est le prolongement de celle de la Matésine sur le canton de Corps.

Brochet, espèce de benne ou vaisseau de bois où l'on met le beurre.

Bucler, passer à la flamme.

Cayon, porc, cochon.

Chasement, *Chasal*, habitation, demeure.

Chala, signifie passage; *faire la chala* signifie encore frayer un passage, un chemin; spécialement chemin frayé dans la neige.

Chenevotte, tige desséchée du chanvre.

Chenavaries, voir le chapitre IV.

Clapisse, tranchée ou fossé profond au fond duquel on place des moellons ou pierres qu'on recouvre ensuite de terre. Cette mesure a pour but de faciliter l'écoulement des eaux de source ou autres, qui pourraient nuire à la végétation. C'est une espèce de drainage anciennement usité en Dauphiné.

Combe, se dit d'une plaine très-étroite resserrée entre deux montagnes.

Condamines ou *Condomines*, s'entend de terres indivises, conseigneuriales. On donnait encore le nom de condamines à de grandes terres destinées au labourage. Salvaing de Boissieu donne à ce mot ainsi entendu une origine celtique.

Conil, lapin.

Cotonne, toile de fil et de coton fabriquée dans les campagnes.

Cret, sommet, pic.

Curtil, *Curtis*, *Courtil*, désignaient autrefois des jardins, et sont encore usités dans ce sens parmi les habitants des campagnes.

Croset, petit morceau de pâte étendu avec les doigts dont on fait la soupe.

Crosson, berceau.

Crusieu ou *Cruisieu*, lampe.

Cumacle, crémaillère.

Daloueire, petite hâche.

Devois (*devesium*), signifie un lieu défensable; par exemple, un bois où il n'est permis qu'au propriétaire de mener paître son bétail et de bûcherer. (Salv. de Boiss.)

Draye, fissure entre des rochers servant de couloir pour les bois et quelquefois aussi de passage pour les hommes et les bestiaux.

Droguet, toile de fil et de laine fabriquée dans le département.

Drolées, voir le chapitre 5, section 3.

Drouilles, morceaux de bois, copeaux.

Drache, grappe de raisin après qu'elle a été pressée.

Dreite, hache pour écarrir le bois.

Dérocher (*se*), tomber du haut d'un arbre, d'un échelon, d'un lieu élevé.

Embringués ou *Imbringués*, se dit des fonds sur lesquels il existe des priviléges, hypothèques ou autres droits réels.

Eaux pendantes, s'entend, dans les anciens titres, de ce qu'on appelle aujourd'hui la ligne de partage des eaux, qui sert de ligne séparative sur la crête des montagnes, de telle sorte que les propriétés qui ont pour limites la cîme des monts comprennent tous les terrains sur lesquels les eaux coulent naturellement par la pente du terrain.

Essards, signifie le sol des bois rompu et réduit en culture.

Essendoles, petites planches servant à couvrir autrefois les maisons et employées actuellement à différents usages.

Eitouble, chaume.

Eicourer, battre le blé.

Fayard, signifie hêtre. Le mot *fay*, dans l'idiome celtique signifiait un bois de hêtre; *fayet* en était le diminutif.

Foudays, petits tonneaux, bouteillons.

Frettes avait la même signification que le mot *essards*.

Faicelle, vaisseau pour faire cailler le lait.

Fèiè, brebis.

Garandage, espèce de cloison en planches et mortier.

Gipe, cloison en briques (de gypse, plâtre).

Gour, gouffre, puits naturel.

Graisivaudan, vallée de l'Isère depuis Moirans jusqu'à Pontcharra et Chapareillan.

Goui, serpette à tailler les arbres.

Grassole, claie dont on se sert pour glisser sur la
glace.

Habert, chalet, habitation des pâtres sur les montagnes.

Hautins, voir le chapitre 2, sect. 3.

Joucle, courroie de cuir qui attache les bœufs au
joug.

Matésine, vallée très-élevée et très-froide de Laffrey
à la Mure. Pays giboyeux.

Maupas (*malum passetum*), désigne dans beaucoup
de localités un passage dangereux.

Méteil, mélange de froment et de seigle.

Mècle, pain d'orge mêlé de sarazin ou d'avoine.

Mollard, amas de terres transportées, hauteur, élévation.

Mottes, tourbe artificielle faite avec le tan qui a
servi à la préparation des cuirs.

Maton, pain de noix.

Maiere, longue perche.

Manche, nom donné à un territoire de forme allongée, étroite. La manche delphinale, la manche de
Cornillon.

Novales, s'entend des fonds défrichés nouvellement.

Olla, marmite, pot.
Ocque, oie.

Paquiers ou *Paquérages*, pâturages.
Pariages, terres appartenant par moitié au roi et à un seigneur particulier. (Salv. de Boiss.)
Pate, chiffon.
Paye, se dit du paiement des loyers et fermages, *la paye de Noël*, *la paye de Pâques*, etc.
Peylo, signifie dans quelques localités une galerie au-devant d'une maison.
Picot ou *Pot de vin*, un litre environ.
Pisé ou *Beauge*, est une construction en larges panneaux de terre battue dont on lie et recouvre les jointures avec une couche de chaux pour les mettre à l'abri de l'action de l'air.
Poële, pièce principale des habitations de la campagne où se réunit la famille; elle est située à côté de la cuisine dont le même feu la réchauffe au moyen d'une plaque en fer, placée dans la cloison.
Pognes, ancienne expression usitée encore aujourd'hui pour désigner un gâteau commun très-goûté à Grenoble.
Pulverage. En Dauphiné, droit que les Seigneurs prenaient sur les troupeaux passant dans leurs terres, à cause de la poussière qu'ils soulevaient.
Pereire, carrière de pierres.
Peissel, paisseau, échalas.

Regotoyage, opération qui consiste à nettoyer et réparer les couvertures des maisons, tuyaux de descente des eaux pluviales, etc.

Rif, torrent, ruisseau.

Rovoire, Rovoria, Roboria de *Robur*, anciennement
lieux couverts de chênes.

Rafour, four à chaux.

Riorte, lien d'un fagot.

Rite, filasse de chanvre.

Raviole, pâtisserie grossière.

Sea, Serret, crête de montagne affectant la forme
d'une scie.

Sommée de terre, étendue de terre cultivée rendant
une sommée.

Sommée, charge d'une bête de somme, c'est-à-dire,
deux sacs.

Seyte, scie à eau.

Suifs. On appelle ainsi vulgairement le sapin et l'é-
picéa, qui sont les essences résineuses dominan-
tes dans le département.

Sapine, soc de charrue.

Tridaine, étoffe de grosse ratine usitée dans les pays
de montagne.

Trossel, trousseau de la femme.

Tuers, hauteur, élévation. Même signification que
mollard.

Trièves, contrée à l'extrémité méridionale du département de l'Isère (canton de Clelles), ainsi nom-

mée parce qu'on ne peut y arriver que par trois chemins : le col de la Croix-Haute, celui du Fau et les gorges du Drac.

Terres froides. Dénomination due au climat et qu'on donne principalement aux cantons de Lemps et de Virieu.

Tronche, tronc d'arbre.

Tine, cuve.

Tome, fromage mou.

Violet, de *via,* petit sentier.

Vogue, de *vote,* fête votive dans les campagnes. C'est le jour de la fête patronale de chaque commune.

Valloire (*plaine de la*) (*Vallis aurea*). Elle s'étend sur les départements de l'Isère et de la Drôme, et sur le canton de Beaurepaire.

Villard, nom donné à plusieurs communes d'un accès difficile.

Vercheire. Ce mot se trouve dans de vieux contrats de mariage pour désigner la dot d'une fille, qui consistait alors plutôt en brebis, vaches, qu'en argent. (Champollion-Figeac, p. 130.)

TABLE DES MATIÈRES.

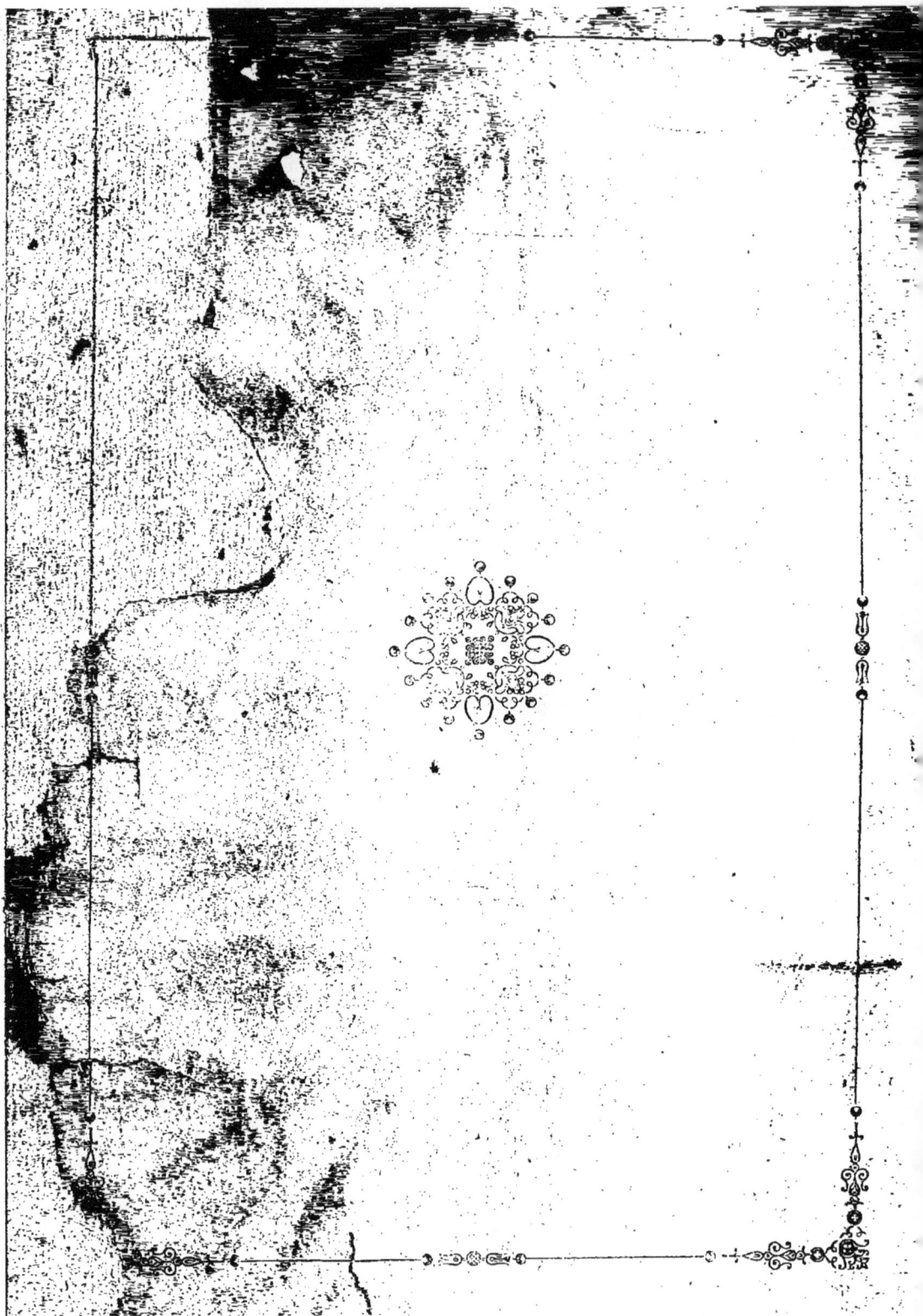

www.ingramcontent.com/pod-product-compliance
Lightning Source LLC
Chambersburg PA
CBHW070258200326
41518CB00010B/1827